托尼·本内特文化理论研究

张　朋　著

山东大学出版社

图书在版编目(CIP)数据

托尼·本内特文化理论研究/张朋著.—济南:山东大学出版社,2016.1

ISBN 978-7-5607-5493-2

Ⅰ.①托… Ⅱ.①张… Ⅲ.①本内特,T.—文化理论—研究 Ⅳ.①G0

中国版本图书馆 CIP 数据核字(2016)第 012547 号

责任策划:陈 珊
责任编辑:陈 珊
封面设计:张 荔

出版发行:山东大学出版社
社 址 山东省济南市山大南路 20 号
邮 编 250100
电 话 市场部(0531)88364466
经 销:山东省新华书店
印 刷:济南铁路印刷厂
规 格:880 毫米×1230 毫米 1/32
6.75 印张 167 千字
版 次:2016 年 1 月第 1 版
印 次:2016 年 1 月第 1 次印刷
定 价:20.00 元

序 言

托尼·本内特(又译作“托尼·贝内特”或“托尼·本尼特”),英国马克思主义文艺批评家和文化理论家,一位在当代语境中言说的后马克思主义者,一位在伯明翰文化研究传统中勇于突破和转型的创新者。本内特的主要著作包括《形式主义与马克思主义》《文学之外》《文化:改革者的科学》《大众文化与社会关系》《博物馆的诞生:历史的、理论的、政治的》《记忆之外的过去:进化、博物馆、殖民主义》《文化、阶级、区隔》等等。本内特既继承了英国文化马克思主义及伯明翰学人注重文化批判的优秀传统,又吸收了拉克劳、葛兰西、福柯等人的思想,建构了极具后现代感的文学和文化观念,开辟了文化研究的新领域和新范式,从而成为欧美当代文化研究领域独具特色的一家。因此,引介和研究本内特的文化思想,对于既需要着眼于本国文化现状,又需要借鉴、“效仿”国外理论成果,从而尽快丰富和拓展我国的文艺理论和文化研究的学者而言,具有重要的意义。

本书在对本内特著作进行归类细读的基础上，采用历史比较和关键词分析的研究方法，从纵向梳理和总结了本内特文化思想的结构内涵及流变过程，归纳出本内特文化思想的主要特点；从横向分析和论证了本内特在文化研究及英国马克思主义发展中的独特贡献及历史地位，客观评价了本内特文化思想的启示及缺陷。具体说来，本书包括以下内容：

知人论世，首先是对本内特其人及文化思想的发展历程和理论产生的历史文化背景的梳理与分析。本内特具有经济学、哲学和社会学的教育背景，因此他的文化思想不局限于纯粹的文化现象，而是具有浓郁的社会问题意识和积极的社会参与情怀。概括而言，本内特的文化理论可以划分为前后两个大的时期，前期集中于马克思主义文艺理论，后期则将大部分精力投入文化研究之中。本内特文化思想的产生与英国独特的社会历史文化背景有密切关系：第二次世界大战后，英国经济的恢复使得工人阶级生活状况得到极大改善，传统马克思主义的革命信念在知识分子中遇到普遍的信任危机，以威廉斯、霍尔、汤普森等为代表的新左派另辟蹊径，开创了文化马克思主义，并逐渐发展成英国特有的理论传统。而撒切尔夫人执掌英国政坛后，新自由主义成为国家的主流政治经济思想，新左派出现代际分化，以新左派为核心成员开创的文化研究思潮随之困扰在结构主义和文化主义的范式之争中不能自拔，葛兰西霸权理论和福柯治理性理论相继进入学人的视野。本内特的文化理论在这些社会历史发展和文化思想的交锋中逐步彰显出自身的特色。

其次对本内特的文化观进行了提纲挈领的总体阐释。本内特是一位马克思主义者,坚持历史唯物主义的基本原则,但更确切地说,他是一个后学立场上的马克思主义者,反对一切形式的本质主义。因此,本内特并未给文化下一个明确的定义,而是在开放、流动的历史语境中将文化看作社会实践的特殊领域,并为之界定了几个基本属性:第一,文化是物质性的,文化与经济生产部门同样是物质生产的组成部分,直接构成社会生产力和生产关系;第二,文化是历史性的,它本身不仅是一个历史发展变化的过程,也是整个人类历史的建构元素;第三,文化是治理性的,是当代自由主义社会中,政府引导和规训人民从而促进社会关系协调和社会结构优化的有效途径。

接下来具体论述了本内特对马克思主义文艺理论的贡献,这表现在两个方面:一是本内特对马克思主义文论理论进行了重新反思,发现马克思主义的重要分支西方马克思主义美学,因其唯心主义简约论、尴尬的多元决定论和对文学价值的片面推断等观点严重违背了马克思主义的历史唯物主义主张,沾染上浓厚的唯心主义色彩。他同时对马克思主义文艺理论与俄国形式主义的长期对峙深感遗憾,认为形式主义并非只是追求形式研究;恰恰相反,形式主义具有对系统关系和历史维度的强烈诉求,在很大程度上对机械的文本形而上学进行了反驳。因此他呼吁马克思主义文艺理论者以客观公正的态度认真对待形式主义,在与形式主义的平等对话中促进文艺理论的健康发展。

但是本内特并不认为马克思主义文艺理论可以通过对形式主义成就的借鉴就能彻底摆脱困境,他认为只有通过向后转的方式,通过对后学语境中的各种思想资源的借鉴才能真正实现马克思主义文艺理论的与时俱进和自我超越。于是，本内特建构了独具特色的后马克思主义文学理论，这构成了他对马克思主义文学批评贡献的第二个方面。他将文学看作特殊的话语表意实践，将读者、文本、语境之间的阅读型构作为文学研究对象，将历史分析和政治分析的交互重叠作为文学研究的方法论主张。本内特将对文学的界说置于更开放的语境中，更符合历史发展的辩证逻辑，但不可否认，文学的特殊性也遭遇了不小程度的忽视。

20世纪80年代中期以后，随着与伯明翰学人的密切接触以及大众文化等课程的开设，本内特对文化研究产生了浓厚兴趣，逐渐将学术重心转移到了文化研究之中。但本内特不是简单地继承斯图亚特·霍尔、雷蒙·威廉斯等人开创的文化研究学术传统，而是对这一传统进行了深化与转折。这种深化与转折同样有两个方面的表现：一是对文化研究方案进行修正，二是对文化研究范式进行拓展。

从成立以来，伯明翰文化研究中心就将跨学科性作为文化研究的特征之一，认为文化研究应广泛涉及人类学、文学、社会学、历史学等多门学科，因此，他们坚决反对文化研究的体制化，认为体制将限制文化研究的活力，使其走向僵化的死地。然而，本内特的主张与此不同，他通过对文化研究历史的还原和梳理，通过对当下社会文化现状的分析，证明文化研究只有获得体制的保障和学科化的地位才能获得长远发展。本内特对文化研究的真实存在给出了自己的解读：文化研究是一种具有跨学科性质的专门学科，具有语用学属性：在政治层面上，与社会现实紧密关联，与各种社会运动相生相伴；在理论层面上，对制度的、机构的、推论的、政治的等各种社会条件进行分析和研究，积极介入国家以及某些共同利益团体的具体事务。文化研究不应局限于对文化定义的考辨，而应着眼于对文化与社会关系的分析，得出能对社会发展产生助益的实际成果。

本内特文化研究范式深受葛兰西和福柯影响。在葛兰西霸权理论视角下，本内特放弃了大众文化非善即恶的极端立场，既不将大众文化看作统治阶级操控人民的工具，也不将大众文化看作底层人民心声的表达，而是将其看作各种利益集团意识形态较量的场域，在这里，统治阶级和被统治阶级展开了不间断的谈判与磋商，因此大众文化始终是一个流动的领域。在福柯治理性、微观权力说的影响下，本内特建构了治理性文化观，即将文化看作一个社会治理领域，既是治理的对象，又是治理的工具。治理性文化观在社会实践中的具体表现是从文化研究的维度引入文化政策考量，将自上而下的研究路径和自下而上的研究路径结合起来，关注文化运行的制度设计；通过对博物馆和监狱的比较，透析当代文化联合体在教化和培训人民中的特殊政治理性，从而增加文化机构的社会效用；呼吁知识分子放弃单纯的批判立场，实现批判理性与实践理性的双重结合。治理性文化观基于鲜明的政治视角，为解决现代社会的诸多困境做出了积极探索，为文化研究学术传统开拓了新的研究范式。

在对本内特文化思想全面分析的基础上，本书最后对本内特文化思想的启示及局限进行总结，认为本内特对马克思主义文学批评的创新发展和将文化与权力、政治相联系的理论视角，以及呼吁知识分子放弃纯粹的批判走向实践的立场，为我们推进社会主义文化建设提供了可资借鉴的经验，而他过于注重实用和实效的主张，也是我们需要警惕并加以避免的。

作　者

2015年9月10日

目录

绪论

一、研究缘起

如果说工业社会是经济社会，经济问题是社会矛盾的根源和集中反映，那么后工业社会则堪称文化社会，文化渗透到日常生活的每个角落，牵动整个社会的神经。文化是资源，能够为助推社会发展释放惊人的能量；文化是资本，可以转化为政治、经济、环境等各方面的财富；文化更是矛盾集合体，与国家、种族、性别、阶层、身份等种种问题纠葛在一起，成为权力斗争的新焦点。近年来，我国更加认识到文化对于增强国家综合实力的重要意义，将文化问题提升到战略高度，提出文化强国的建设目标，就深化文化体制改革、推动社会主义文化大发展、大繁荣作出全面部署。

文化强国的建设基于正确的指导思想和发展道路，坚持马克思主义基本原理和中国特色社会主义是实现文化繁荣发展的前提。马克思主义并非僵化的教条，而是在社会历史变动中不断成长和丰富的理论有机体。就马克思主义的重要组成部分——文艺理论而言，任何对其机械化、简单化的阐释和运用都将导致严重的文化荒漠；而只有开放的、发展的理论立场，才能带来文艺创作与文化实践的欣欣向荣。对于马克思主义文艺理论的研究与拓展不但需要立足本国实际，更要了解和借鉴国外研究成果。在国外马克思主义文艺理论研究中，英国学界的成就不可忽视，前有雷蒙德·威廉斯、E. P. 汤普森、斯图亚特·霍尔等新左派的开疆拓土，中有特里·伊格尔顿的深化丰富，新近则有托尼·本内特这一后起之秀的融汇集成与大胆突破。本内特的马克思主义文艺理论既保持着英国马克思主义者注重文化经验与社会实践的理论传统，将文化问题作为分析和批判资本主义社会的钥匙，又有着与前辈人不同的理论转向与创新，这种转向与创新是从建立俄国形式主义与马克思主义的对话开始的。

长期以来，俄国形式主义一直受到马克思主义的排斥和否定，在马克思主义视域下，任何人或者文学思想一旦被归诸“形式主义”标签之下，就意味着他对文学形式的过分迷恋和对内容意义的盲视，还意味着他用非历史的眼光看待文学作品，忽视了社会历史因素在文学创作中的决定作用。而本内特通过研究发现，形式主义并不像它们的名字那样只讲究“形式”不讲究历史；相反，它们具有浓厚而恰切的历史意识，并坚决抵制机械、抽象的文本形而上学。因此，形式主义应该受到马克思主义者的重新评价和认真对待，马克思主义应该以尊重和平等的态度与形式主义沟通和对话。本内特的这一观点可谓前所未有，他整合马克思主义与形式主义的理论探索也具有开创性的意义。研究本内特的这些思想，对于发展我国的马克思主义文艺理论具有重要的参考价值。

但是本内特沟通马克思主义与形式主义的理论探索并不是为了用形式主义的成就修补马克思主义的漏洞，他只想以此证明马克思主义者应该用更包容、更谦虚的态度对待异己的文学思想，认真反思自身的不足，破旧立新。在他看来，马克思主义文艺理论在发展中出现了极为严重的问题，尤其是西方马克思主义文艺理论，严重违背了马克思主义的历史唯物主义原则，落入了资产阶级唯心主义的陷阱。因为西方马克思主义对文学问题的思考没有继承马克思超越旧问题、开辟新问题的研究方法，而是沿用了资产阶级哲学美学的概念、范畴乃至哲学基础。他说："这个传统（即西方马克思主义）对马克思主义思想和美学之间关系的处理在许多方面都是严重误导的……尤其是当他们试图在马克思主义理论基础上发展出一种哲学美学——也就是把审美当做一种与科学和意识形态区分开来的、精神与现实之间关系的不变模式来论述——时，情况更是如此。"①

由此，本内特不仅彻底地抛弃了西方马克思主义文艺理论，还修正了马克思主义的总体化和本质主义主张，转向了后马克思主义，建构了以话语接合表述为基础、以反本质主义为特色的后马克思主义文学理论。本内特的这一理论建树，对马克思主义与文学的关系进行了新的考量，对文学的性征进行了新的解读，对文学的规律进行了新的把握。这是在当今资本主义社会深刻变革、文艺实践现状更加芜杂的历史条件下，西方世界的马克思主义者对文艺问题的新反思与新探索。

但"后"字毕竟只是马克思主义的一个限定语，没有改变马克思主义的哲学维度、问题域和奋斗目标，因此，本内特是个毫无疑问的马克思主义者。他一再重申，后马克思主义不是反马克思主义，而是要使马克思主义理论范畴在一个更具约束性和选择性的语境中运用，建构后马克思主义文学理论最终目的是要"与马克思主义文学理论进行批判性对话，始终保持文学理论与历史和社会的联系"②。本内特对马克思主义的反思与发展，对马克思主义文艺理论的继承与超越，表现出了一个马克思主义者应该具有的历

① ［英］托尼·本内特：《文化与社会》，王杰、强东红等译，广西师范大学出版社2007年版，第13页。

② Tony Bennett, *Outside Literature*, London and New York: Routledge, 1990, p. ix.

史意识和创新精神，对我们建设中国特色的马克思主义文艺理论具有相当的启示意义。

英国马克思主义又被称为“文化马克思主义”，因为他们反对将文化问题简单化约成经济问题和阶级斗争问题，而是主张以更加复杂的方法分析文化现象背后的权力纠葛。20 世纪中叶，随着青年亚文化、嬉皮士、流行音乐、影视剧等新型文化要素在英国文化领域的急剧增长，威廉斯、霍尔、斯图亚特等人开始将目光转向这些大众文化，并一反利维斯主义将大众文化简单斥之为愚昧、无个性文化的精英立场，对大众文化进行了全面的分析与解读，为大众文化赋予了更多积极色彩。由此，一种崭新的学术范式和思潮在英国生长起来，这就是以伯明翰当代文化研究中心的成立为标志的文化研究。这一文化研究的基本特征是：注重对当下的文化现象进行分析；注重对大众文化、非主流文化展开研究，如工人阶级亚文化、青年亚文化、女性文化、社区文化等；注重文化与社会的密切关联。伯明翰文化研究对当代社会的文化实践与问题进行了富有成效的探索。

我国社会在 20 世纪 80 年代的巨大变化也催生了大众文化的蓬勃发展。摇滚乐、影视剧、流行歌曲像空气一样弥漫在人们的日常生活之中，霓虹灯、时尚海报、巨幅广告牌填充着人们的生活空间。大众文化的壮大改变了中国文化的格局，它不仅导致了极左政治文化的彻底弱化和精英文化的日渐边缘化，也使得启蒙主义、理性主义、人道主义、马克思主义等中国知识分子在 80 年代前期所秉持的文化思想难以对活生生的文化实践展开有效的批判。正如戴锦华所言：“至此，‘文化’的涵义已转化为‘表达特定意义与价值的特定的生活方式，它不仅存在于艺术与学识中，还存在于制度与日常行为中。就此而言，对于文化的分析便是对特定生活方式即特定文化中隐含于内彰显于外的意义与价值的分析’。我们间或需要一种文化理论，以研究‘全部生活诸要素间的关系’，用以显现这一过程中历史的维度及日常生活表象背后的社会发展趋势。”[①]由此，文化研究作为最合时宜的理论范式在我国获得了长足的发展，学者们纷纷著书立说，体制内的研究机构雨后春笋般地出现。先行者们立足于中国社会现状进行分析研究和探索，同时结合对国外文化研究理论的学习、借鉴，使中国的文化研究在一片空白的历史条件下迅速发展起来，取得了丰硕的研究成果。然而令人遗憾的是，他们对国外文化研究的引荐和引用更多的集中在威廉斯、霍尔、斯图亚特等老一辈人身上，而对其后的文化研究新成果则缺少足够的重视。事实上，进入 20 世纪 90 年代以后，社会历史的发展造就了大众文化新的变迁，欧美文化研究出现了新的问题、领域和研究范式，而本内特则是文化研究新成果的代表人物之一。

本内特完成了对文化研究传统的深化与转折，他的贡献表现在如下方面：通过对文化研究历史的还原和对当下文化现状的分析，证明文化研究必须在体制中才能获得发展，必须确定学科地位才能保障其影响力。本内特更新了文化观念，发掘出治理在文化中的主导性地位，强调政策在文化研究中的核心性和关键性。本内特所谓的文化治理和文化政策并不只是通过作用于意识形态认知机制进行表征，而是通过博物馆、图书馆等具体文化机构进行转换，因此，他对文化机构的特殊政治理性进行了分析，对文化机构功能倍增的原因和途径进行了梳理。在本内特看来，当代文化的治理品格和社会与文化的复杂关系要求知识分子放弃纯粹批判的立场而转向实践立场，积极参与进政府各项文化政策的研究、制定和评估中。

本内特文化研究的方法、主题和立场是对传统文化研究的反

---

① 戴锦华：《隐形书写：90 年代中国文化研究》，江苏人民出版社 1999 年版，第 2 页。

驳，他对知识分子的认识是对传统知识分子观的超越。实际上，本内特本身就是一个实践型知识分子，他不仅从事理论研究，还深入社区、博物馆进行实地调查，并参与了多项由澳大利亚、英国及联合国文化机构组织的文化与社会科研项目，积极为政府的文化决策建言献策。随着他在文化研究理论与实践中的影响与日俱增，其文化研究理论与经验已经成了当代文化研究领域中一种重要的理论范式。

本内特的文化理论在我国文化研究和文化建设中有很大的可借鉴性，而这种可借鉴性又因为他与中国学术界的密切连接而进一步增强。20 世纪 90 年代，他曾应邀前往香港、台湾参加文化研究方面的学术研讨会；2005 年 8 月，他与斯道雷等文化研究学者一同受邀到中国内地讲学，在北京语言大学做了题为“我的学术之路”的演讲，并提交一篇《创造文化，改变社会：“文化研究”与“文化综合体”》的论文；2009 年 5 月，本内特应邀赴南京参加“文化研究关键问题”国际学术研讨会，接受了中国学者的采访，访谈内容以《美学 · 社会 · 政治》为题发表。可惜的是，迄今为止，国内学界对本内特文化理论的介绍和研究还很不充分，或者说刚刚起步，本书就算是一种探索性的尝试吧。

二、研究现状

不论国内还是国外，学术界对本内特的研究力度与他日渐扩大的影响力形成巨大的反差：一方面，他的术语和理论观点被频繁的提及、引用和转述；另一方面，国内外对他的研究尚处于萌芽阶段，远未走向深入。就笔者掌握的资料而言，到目前为止国内外均没有关于本内特的专著性研究成果出现。

（一）国外研究现状

国外对本内特的研究集中在对其著作的评论上。曾在北大任教的英国学者马克·辛菲尔德的《近年来英国的马克思主义批评》[①]，从20世纪后半叶英国马克思主义批评发展史的宏大视角出发，研究了本内特的《形式主义与马克思主义》在英国马克思主义批评中的理论承接地位，他认为，本内特“在欧洲马克思主义者——如安东尼奥·格拉姆斯基、沃尔特·本杰明、路易斯·阿尔裘塞和路西恩·戈尔德曼——的著作中不断地进行发掘，一直在挽救马克思主义，使其声誉不致因为过分依赖莫斯科领导而遭到损害”[②]。霍恩达尔和弗朗西斯科合作出版的《建设民族文学：德国样式》，从文学理论的角度对本内特的《马克思主义和形式主义》进行评论，认为本内特正确地抛弃了普遍意义上本质主义的文学概念，强调文学受物质的、机制的、政治的、意识形态的制约，强调生产机制对文学的决定作用，从而根据生产和消费的辩证关系重新定义文学。本书评价了本内特的读者—文本—阅读型构理论，认为他用语言学理论构建的阅读过程是富有成果的，但是其局限在于，没有将阅读型构与阅读主体和社会机制具体联系起来。迈克尔·伯德纳-道纳尔在1994年出版的《米哈伊尔·巴赫金：现象学与马克思主义》中，注意到了本内特在《形式主义与马克思主义》中对巴赫金历史诗学的辩证分析，认为他不仅就巴赫金对形式主义的超越作出了剖析，而且在巴赫金和马克思主义文学理论之间架起了沟通的桥梁。卢克·弗雷德在2006年出版的《路易斯·阿尔都塞》中，从研究阿尔都塞的角度对本内特的马克思主义文学理论作出分析，认为本内特对研究阿尔都塞有两点启示：首先，阿尔都塞没有对资产阶级传统美学意识形态理论作出突破，阿尔都塞

① [英]马克·辛菲派德：《近年来英国的马克思主义批评》，胡家峦译，《外国文学》1983年第3期。

② [英]马克·辛菲派德：《近年来英国的马克思主义批评》，胡家峦译，《外国文学》1983年第3期。

“真正艺术”的概念，不过来源于人道主义意识形态，而这正是作为科学的马克思主义需要破除的观念；其次，阿尔都塞的“真正艺术”概念尽管产生的历史条件不同，却包含着一种普遍的本质主义要素，阿尔都塞的文学概念乃至艺术概念，在历史唯物主义的理论场域中同样无法找到容身之地，因为历史唯物主义的基本原则是文化生产的历史条件决定着文化产品的存在。在本内特看来，科学的马克思主义文化生产理论不是探索如何给文学或艺术下定义，而是研究文化实践的多样性。

如果说上述研究都是针对本内特《形式主义与马克思主义》这本著作进行评论的话，历史学家基斯 · 詹金斯于 1994 年发表的题为《马克思主义与历史知识：托尼 · 本内特与话语转向》文章，则是对本内特另一本重要著作《文学之外》进行的研究。詹金斯说：“在《形式主义和马克思主义》发表之后，托尼从批判马克思主义的角度对文学理论、文学价值等问题进行了分析，而《文学之外》则以比较极端和发人深省的方式对上述问题作了重新阐释。”[1]詹金斯认为，本内特对马克思主义范畴概念能否为解释历史提供可靠的基础进行了质疑和批判，并认为本内特的观点不应该受到马克思主义者的指责。他指出，本内特主张的社会关系是话语关系，这种话语关系消解了作为传统认识论基础和中心的“观念/现实”的二元对立。他这样来概括本内特的理论逻辑：马克思主义宣称真理的叙述认识论要求在理论中占有优先地位，即现实为意义的生产提供牢靠的锚点，然而话语无处不在，并构成了所有事物的意义，没有一种前话语的现实存在能为认识论提供基础，因此结果是，马克思主义提供的封闭形式不能运转。随后，詹斯金分析了本内特后马克思主义的历史观、阶级观、政治观，指出本内特在马克思主义

① Keith Jenkins, “Marxism and Historical Knowledge: Tony Bennett and the Discursive Turn,” *Literature and History*, ser. 3:3:1, 1994, p. 16.

研究中实现了话语转向。

芝加哥大学斯瑞泽·斯堪迪奥的博士论文《1921～1935年芝加哥自然历史博物馆的电影、视觉文化和教育计划》，从博物馆研究的角度，围绕着本内特著作《对眼睛的言说：博物馆、合法性和社会秩序》《展览政治学：博物馆、科学、文化》进行了评论，他认为，本内特阐释了在世纪转折点上"看的方式"如何发生变化，这些被创造出来的"看的方式"不仅作用于博物馆，也被释放到社会生活各种不同的场域、机构、社群、阶层中，成为一种吸引和指导大众行为方式的有效途径。

佐治亚·乐伯在《欧洲文化研究杂志》2010年1月刊上，发表了对本内特著作《批评的轨迹：文化、社会、知识分子》的评论文章，他认为在文化与治理观上，本内特受到了福柯的影响，就像凯恩斯受到马克思的影响。如果说凯恩斯阅读马克思是为了赋予资本主义新的生命力的话，本内特阅读福柯是为了阐释如何更好地控制当代的主体。乐伯认为，本内特的成就在于，他并未将诸多理论对大众社会的批判作为一种偏差，而是看做社会存在唯一可能的方式。在知识与权力的关系构架中，如果说福柯即便不支持社会革命，也是支持微观的、个体的反抗，而本内特恰恰相反，他对反抗并不感兴趣，他深入阐释的是具有自我主体化能力的主体技术，并且认为这种技术应该得到伸张，因为这是当今社会得以保证其延续的唯一方式。

英国学者塞尼·盖博桑于2010年1月在《世界文化政策研究》杂志上，发表了对本内特著作《文化：改革者的科学》的评论文章，他认为本内特文化政策研究具有鲜明的批评性和实践性，这是传统文化研究很少同时具备的品格，因为很多人认为如果文化研究是批评性的，就不能同时是实用性的。在当代文化政策研究中，关于批判与实践关系的忧虑，关于文化政策能否同时是批判的和实践的，依然是个充满争议的问题。但是他认为，本内特对文化治理性的分析依然是富有启发性的，本内特吸收借鉴了不同领域理论家的学说，比如研究文化资本的皮埃尔 · 布尔迪厄，研究权力理论的尼古拉斯 · 罗斯，以及研究人格理论的马歇尔 · 莫斯，从而对当代社会的权利和文化关系作出新的阐释。

吉姆 · 麦圭根的著作《重新思考文化政策》以及论文《文化政策研究》[①]对本内特的文化政策研究进行了全面的分析，他从词源学角度考证了"文化"一词具有的管制和规训功能，从而证明了本内特的文化治理性主张是历史衍变的必然结果，但是他批判了本内特让一切"变得有用"[②]的实用主义原则，主张保持知识分子的批判性。

克里斯 · 巴克的《文化研究：理论与实践》在最后一章"文化政治与文化政策"中分析了本内特的文化研究，认为对于本内特而言，"文化紧密扣连于文化科技，而且文化的功能作为文化科技的一部分，从而组织与形塑社会生活与人类行为。文化科技是制度与结构组织的机器的一部分，生产出权力/知识的特殊型构。文化不只是再现和意识的问题，也是制度化实践、行政措施和空间安排的问题"[③]。巴克充分肯定了本内特对文化与权力关系的透析和将政策引入文化研究之中的必要性，认为本内特引领了"文化研究方案的新方向"[④]，但巴克错误地将政策研究作为本内特文化研究的全部旨归，这是有违于本内特真实意图的。

格雷姆 · 特纳在《英国文化研究导论》中从历史梳理的角度对本内特进行了研究，尤其在第三章"文本与脉络"第四节"多义性、

---

① 陶东风：《文化研究精粹读本》，中国人民大学出版社 2006 年版，第 186 页。

② 陶东风：《文化研究精粹读本》，中国人民大学出版社 2006 年版，第 188 页。

③ [澳]克里斯 · 巴克：《文化研究：理论与实践》，罗世宏译，五南图书出版公司 2004 年版，第 458 页。

④ [澳]克里斯 · 巴克：《文化研究：理论与实践》，罗世宏译，五南图书出版公司 2004 年版，第 456 页。

模糊性、解读文本"中，集中对本内特的文本分析、互文性概念和阅读型构理论进行了解读，认为"在很多方面，《邦德与超越》(本内特的著作)都具有示范作用，可以说明各种历史的、工业的和意识形态的场域，如何生产出这个文本和邦德这个人物相关的电影、小说和知名度相关的文本"①。

(二)国内研究现状

国内对本内特的研究首先是对他著述的翻译。最早关注和翻译本内特著述的是张来民，他于 1991～1993 年陆续翻译了本内特处女作《形式主义与马克思主义》的部分章节，分别以《俄国形式主义与巴赫金的历史诗学》《形式主义与马克思主义文学批评》《马克思主义文学批评与美学遗产》为题刊登在《黄淮学刊(社会科学版)》上。1994 年寿静心翻译的本内特《形式主义和马克思主义》第 6 章《科学、文学与意识形态——路易·阿尔都塞的文学理论》，在《辽宁大学学报》第 4 期上发表。

从 1999 年开始，国内学界开始翻译本内特的文化研究理论：同年《文艺研究》第 1 期刊登陶东风译《托尼·贝内特谈文化研究与知识分子》一文；2000 年罗钢、刘象愚主编《文化研究读本》选译本内特论文《置政策于文化研究之中》；《文化研究》2001 年第 2 辑选译本内特《知识分子、文化与政策：技术的、实践的与批判的》一文，此文为他受此刊之邀而写的专稿；学术杂志《视点》2001 年第 1 期刊登陆扬译《通俗文化与"葛兰西转向"》一文；2002 年弗朗西斯·马尔赫恩编选的《当代马克思主义文学批评》一书由刘象愚译成中文出版，书中收录本内特《马克思主义与通俗小说》；2003 年《视点》第 6 期辑录了潘德重译的《文本、读者、语境》一文；2004 年汪凯、刘晓红翻译的奥利佛·博伊德-巴雷德和克里斯·纽博尔德

① [英]格雷姆·特纳：《英国文化研究导论》，唐维敏译，亚太图书出版社 1998 年版，第 141 页。

的传播学著作《媒介研究的进路》辑录本内特《通俗文化与“葛兰西转向”》一文;2006年陶东风编译的《文化研究》第6辑收录本内特《现代文化事实的发明:对日常生活批判的批判》;同年第8辑收录本内特《走向文化研究的语用学》;2007年《洛阳师范学院学报》第4期发表黄望译《英国文化研究的另一种范式——托尼·贝内特学术自述》;2009年《马克思主义美学研究》第2期刊登陈春莉译《文化、历史与习性》及付德根、王砚涵译《分裂的惯习(Habitus Cliv):皮埃尔·布尔迪厄著作中的美学与政治》两篇论文;2009年本内特到南京大学演讲,《南京大学学报(哲学·人文科学·社会科学)》第5期刊登其中译版讲稿《审美·治理·自由》。

在单篇论文翻译的基础上,对本内特专著的译文也相继面世:2007年本内特论文自选集《文化与社会》由王杰、强东红等翻译出版,在序言中本内特写道,此书“为中国读者而写”[①];2011年本内特的成名作《形式主义和马克思主义》由曾军等翻译出版。据悉,“托尼·本内特90年代的代表作《博物馆的诞生——历史、理论和政治》以及他与格罗斯伯格共同主编的《新关键词——重新修订的关于文化与社会的词汇表》都在译介过程中”[②]。

中文译作的不断增加为国内学者进行本内特文化理论研究提供了便利,就笔者目前掌握的资料而言,迄今共有关涉性研究若干,专门性研究论文13篇,硕士学位论文1篇,尚无发表的博士学位论文和研究专著。

最早关注本内特的是陶东风,他发表于1998年第7期《博览群书》的《知识分子并非一种角色》一文,对本内特的知识分子观作

---

① [英]托尼·本尼特:《文化与社会》,王杰、强东红等译,广西师范大学出版社2007版,第11页。

② [英]托尼·本内特:《文化与社会》,王杰、强东红等译,广西师范大学出版社2007版,第3页。

出正面评价，他说："托尼·本内特教授的新著《文化：改革者的科学》，主题是把福柯关于文化与政府间关系的一整套观点应用于文化与知识分子研究。本书明确表示出要发展一种与爱德华·赛义德所倡导的知识分子极为不同的新知识分子模式，而这是中国的知识界相当陌生的。"他说："我们一直习惯在知识分子/国家这样的二元对立框架中思考问题，或者把知识分子视作对权力说'不'者，或者把接近权力的知识分子视作'御用文人'。但是在今天这样一个政府的作用已经无所不在的渗透（尽管方式各异）到文化领域的时代，上述二元对立的思维模式很可能成为认识的障碍。"①

2007 年《文化与社会》出版后，学界有更多的人开始关注本内特。首先是王杰在《南方文坛》第 6 期发表《托尼·本尼特的马克思主义美学研究》（这篇文章同时也是《文化与社会》的中译文序），提纲挈领地介绍了本内特的理论发展路径和理论特色，认为"托尼·本尼特的特殊之处在于他是从社会学、人类学等学科的角度研究文学问题和艺术现象的"；"这些研究卓有成效地推进了马克思主义关于文学艺术作为意识形态现象的研究，关于文化领导权问题的研究借此得以具体化、实证化并且具有了学科发展的意义"②。2008 年，曾军在由他主持的"文化战略：把政策引入文化研究"的讨论中说："曾经作为批判理论之一脉的文化研究思潮到了 20 世纪 80 年代发生了某种微妙的变化。以托尼·本内特为代表的学者开始倡导'把政策引入文化研究之中'，作为一种暧昧修辞策略，本内特力图在'将政策作为文化研究的对象'和'文化研究为政策所用'之间寻找某种平衡。"③

① 陶东风：《知识分子并非一种角色》，《博览群书》1998 年第 7 期。

② 王杰：《托尼·本尼特的马克思主义美学研究》，《南方文坛》2007 年第 6 期。

③ 曾军：《文化战略：把政策引入文化研究》，《西北师大学报（社会科学版）》2008 年第 5 期。

2009 年第 2 期《马克思主义美学研究》集中刊载了对本内特的研究文章：郑从容《一种“自下而上”的位移——论本尼特实现左派知识分子文化目标的现实途径》一文，分析了本内特作为一名后马克思主义者的入世情怀，探讨了本内特在文化制度框架内利用新的技术手段和文化机制，通过积极参与对现有文化运作机制的改造和建设，实现对资本主义社会的改造，从而实现左派知识分子理想的现实途径。周海玲《审美历史化和政府治理性——试论托尼 · 本尼特文化研究中的关键因素》从“英国文化批评视野下的‘审美作为自由’后康德命题”“英国马克思主义美学视野中‘审美作为塑造主体性的特殊技术’的后福柯美学”“审美自律与审美他治在马克思主义美学中的历史化联结”[①]这三个方面探讨了本内特文化研究中的关键因素。段吉方《理论与经验：托尼 · 本尼特与 20 世纪英国文化研究》从探讨本内特与英国文化研究的关系入手，分析了本内特对文化的重新阐释和在“葛兰西转向”中受到的影响，得出了本内特的“文化研究充分体现了文化研究的应用性与实效性，从而发扬了‘英国文化研究’的实践传统与文化政治功能”的结论。[②]

曹成竹发表于 2009 年第 2 期《社会科学评论》的文章《知识分子：一个从批判到实践的社会群体——兼论托尼 · 本尼特的知识分子观》在将知识分子区分为“自由漂浮”的知识分子、“有机知识分子”和“代表或再现”的知识分子的基础上，认为本尼特的“实践型”知识分子观将以上三种类型的合理之处相互融合，构建出具有积极实践精神的知识分子理论。李若彬发表于 2009 年第 2 期《消

① 周海玲：《审美历史化和政府治理性——试论托尼 · 本尼特文化研究中的关键因素》，《马克思主义美学研究》2009 年第 2 期。

② 段吉方：《理论与经验：托尼 · 本尼特与 20 世纪英国文化研究》，《马克思主义美学研究》2009 年第 2 期。

费导刊》的文章《"浮世绘"的意义与前途——以〈教父〉为例浅析贝内特〈马克思主义与通俗小说〉》，以本内特《马克思主义与通俗小说》一文为理论指导，以小说和电影《教父》为例，对"文学"与"通俗文学"的意义差异及其演变趋势作出分析。张玉勤发表于《理论界》2010 年第 8 期的文章《托尼·本尼特马克思主义美学研究的基本视野》认为，"本尼特的马克思主义美学研究是从马克思主义当下所遭遇的各种批评话语和面对的理论困境开始的，历史语境、社会维度、实践领域，分别构成了本尼特马克思主义美学研究的三个基本视野"①。刘坛茹和孙鹏程发表于《文艺理论与批评》2011 年第 1 期的文章《西方马克思主义文论的本质主义困境及解构策略——以托尼·本尼特的反本质主义文论为视角》，从"通俗文学关涉文学本质主义问题""文学本质主义的成因及文学的政治转向""阅读型构作为一种解构策略"三个方面研究了本内特的反本质主义立场。周海玲发表于《文艺理论与批评》2011 年第 3 期的文章《历史中的文本——托尼·本尼特对大众文化文本的马克思主义研究》认为，"在英国语言学转向的影响下，托尼·本尼特吸收巴赫金的历史性语言理论，解构了对大众文化持批判立场的各种精英主义学院派的'文本形而上学'，提出文本是在阅读构型和文本间性的历史中形成的，确立了大众文化的文本研究价值和意义"②。和磊 2011 年出版的研究专著《葛兰西与文化研究》对本内特在超越文化主义与结构主义范式之争、促进葛兰西转向中的作用给予肯定，认为他"明确评价了转向葛兰西对文化研究的影响，一是反文化的阶级本质主义，这就使文化获得了更广阔的认识与

---

① 张玉勤：《托尼·本尼特马克思主义美学研究的基本视野》，《理论界》2010 年第 8 期。

② 周海玲：《历史中的文本——托尼·本尼特对大众文化文本的马克思主义研究》，《文艺理论与批评》2011 年第 3 期。

理解；二是深化了对大众文化的研究；三是指出了意识形态的多元性与历史性；四是将差异和矛盾看作是文化和意识形态存在的基本方式。这可以说是比较明确的阐述葛兰西对文化研究的影响了"①。

除了论文著述，对本内特的研究还以另外一种方式进行，这就是面对面的访谈：金惠敏《修正文化研究政策——托尼·贝内特访谈》②，围绕葛兰西转向、福柯治理理论等影响本内特文化思想发展脉络的问题进行访谈，从而使本内特的文化政策修订案有了更清晰的表征。王杰、徐方赋《美学·社会·政治——托尼·本尼特访谈录》③，就本内特早年的研究背景及其同马克思主义美学的关系，福柯、布尔迪厄与马克思主义的关系等问题进行了交流，使本内特的理论渊源和理论承接得到更直接地呈现。

到目前为止，笔者搜集到的对本内特比较系统的研究是北京语言大学罗昔明的硕士学位论文《托尼·贝内特及其政治文化观念》(2006年)，该文后被收录于黄卓越主编的《英国文化研究——事件与问题》一书。论文研究了本内特对马克思主义美学的质疑，对文学、艺术的基本观点以及他从一个马克思主义文学批评家转变为后马克思主义学者的原因。论文阐述了葛兰西霸权理论及福柯权力理论对本内特产生的不同影响，并对本内特有关知识分子问题、文化机构问题、文化政策问题的言说进行分析，得出结论："贝内特的理论观念的基本走向就是在文化与社会权力之间关系构成性的描述中，挖掘和探索历史化的政治内涵，这就使得他对文化与社会权力、社会政治的历史关系特别重视。可以说，他的政治批评更多的是一种关于文化的历史化政治批评立场的表达以及在

---

① 和磊：《葛兰西与文化研究》，中国社会科学出版社2011年版，第4页。

② 载《学术界》2010年第4期。

③ 载《文艺研究》2011年第3期。

这种表达下研究视角的确立，当这种立场和视角介入到具体文化现象和政治生活时，他便形成了自己独特的文化政治实践。”[①]该论文以本内特学术发展过程为线索，比较全面地梳理了本内特文化观念的基本内容，确切地把握住本内特理论的特色所在，但缺陷在于只是对其作了简要概述并没有展开详实分析。该论文遗漏了对本内特马克思主义文学理论的研究，而这部分是本内特文化思想的重要组成内容。

综观以上研究现状可以看出，不论国内还是国外，对本内特的研究依然处于零散化、片断化的阶段，它们大多着眼于本内特理论的一个方面、一个问题，虽然也不乏洞见，但往往介绍多于反思，引述多于批判，缺少对其理论体系的系统整理和宏观把握，更缺乏对本内特在整个马克思主义文艺理论及文化研究中地位和价值的科学评价。鉴于本内特在当今学术界的重要影响和他对文化研究的独特贡献，国内外已有的这些研究是远远不够的，和他的理论贡献也是不相称的，因此，对他的研究还有很大的开拓空间。

三、研究思路和方法

本内特笔耕不辍，著述等身，除少数著作译成中文外，大部分著作还是英文的，且许多资料国内难以看到。笔者在多位友人的帮助下，通过多种途径搜集他的相关文献，并通过电子邮件与他本人取得了联系。当得知笔者要选取他作为博士学位论文研究对象时，他欣然应允并提供了部分资料。

本内特的著作涉及面广泛，文化理论内容庞杂，笔者按照时间顺序运用文本细读的方法对其理论进行了归纳和整理，勾勒出他理论体系的大体轮廓。本书运用历史研究方法，将本内特放在20

① 罗昔明：《托尼·贝内特及其政治文化观念》，北京语言大学硕士学位论文，2006年。

世纪后半叶英国马克思主义文学批评和文化研究的发展历史中，把他的文化理论划分成两个大的主题——马克思主义文艺理论、文化研究理论，力求对他的文化思想作出科学的定位和客观的评价。本书以点带面，运用关键词研究方法，围绕着"文化""形式主义""巴赫金历史诗学""阿尔都塞意识形态理论""话语理论""文本与历史""阅读型构""葛兰西霸权理论""福柯权力理论""文化政策""治理性""实践型知识分子"等关键词展开研究，对本内特文化思想作出系统、详实的阐释。

本内特的文化理论很大程度上是在对其他学者文化思想融汇的基础上产生的，因此本论文运用比较分析的研究方法，在和阿尔都塞、巴赫金、伊格尔顿、威廉斯、葛兰西、福柯、哈贝马斯等人的比较中，发掘本内特反本质主义的文学观以及将政策引入文化研究中的新范式，使他社会学、人类学的跨学科研究方法得以呈现，从而彰显其文化理论的特色，客观评价他在学术传承与创新中的理论贡献。

四、本书的基本结构

基于上述研究思路和方法，本书分为六个部分，着重研究本内特对马克思主义文学理论的修正与补充，和他对文化研究范式的转折与突破。

第一章介绍本内特的思想发展历程和文化观，分为三节：第一节探讨本内特在英国及澳大利亚的求学和工作经历，以此阐述他学术思想的发展脉络和变迁历程；第二节通过分析 20 世纪英国和澳大利亚政治、历史、文化背景，探讨本内特文化思想产生的客观社会历史条件；第三节围绕文化的历史性、物质性和治理性三个基本特性对本内特的文化观进行概要论述。

第二章探讨本内特对马克思主义文艺理论的重新反思，分为三节：第一节阐释本内特对西方马克思主义文论困境的分析；第二节分析他对形式主义理论成就的重新评价;第三节讨论他对阿尔都塞意识形态理论的批驳以及对巴赫金历史诗学的引进,从而勾画出本内特对构建马克思主义与形式主义理论对话所做出的努力。

第三章探讨本内特的后马克思主义文学理论,分为四节:第一节阐释本内特从马克思主义转向后马克思主义的原因及理论立场;第二节详细阐释本内特的后马克思主义文学观;第三节阐释本内特在后马克思主义视域下为文学研究确定的对象——阅读型构;第四节分析本内特在后马克思主义视域下进行文学研究的方法。

第四章分析本内特对文化研究方案进行的修正。第一节讨论本内特对文化研究历史的还原,以及他因此得出的文化研究应该也需要在机制化的环境中,朝着学科化方向迈进的理论观点;第二节介绍本内特对文化研究基本要素的界定;第三节阐释葛兰西霸权理论对本内特进行文化研究的影响,以及他对大众文化蕴含的意识形态斗争展开的分析。

第五章探讨本内特对文化研究范式的拓展。本内特对文化研究范式的拓展既是学术发展的需要,也是他放弃葛兰西立场,转向福柯的治理性理论以及微观权力说的必然产物,福柯理论可谓是本内特开拓研究范式的理论资源,这是第一节交待的主要内容;此后三个小节具体阐释文化研究范式拓展的表现:第二节研究本内特关于文化治理性的理论主张;第三节分析本内特将政策引入文化研究之中的创新性与引发的争论;第四节讨论本内特对文化机构功能倍增的理论阐释;最后一节探讨本内特关于知识分子社会功能的主张。

最后是结语,就本内特文化理论的启示和局限作出总结。

第一章　托尼·本内特的思想发展历程和文化观

托尼·本内特，全名弗雷德里克·安东尼·本内特(Frederick Anthony Bennett)，1947 年 12 月 2 日生于英国曼彻斯特市奥尔德姆-兰开夏棉镇，1968 年获得牛津大学政治学、经济学和哲学学士学位，1972 年获得苏塞克斯大学社会学博士学位。历任英国开放大学社会学教授，社会与文化变迁研究中心(CRESC)主任，澳大利亚人文科学研究院研究员，澳大利亚文化与媒介政策重点研究中心主任，墨尔本大学文化与交流学院兼职教授，西悉尼大学文化研究中心文化与社会理论研究员。本内特从事学术研究 40 余载，厘清其思想的发展轨迹，有利于全面理解他的文化理论。

第一节　从马克思主义文艺理论到文化研究

本内特的文化思想前后是一脉相承的，具有不可分割的完整性和连续性，但是根据研究方法和研究主题的不同，又可以将其大体划分为两个阶段：第一个阶段从 20 世纪 70 年代初到 80 年代中期，在威廉斯、汤普森、葛兰西等人的影响下，主要关注西方马克思主义文艺理论和大众文化意识形态问题。第二个阶段从 80 年代中期至今，受德里达、拉克劳和福柯等人影响，继续研究马克思主义文学理论，并逐渐将精力转向研究文化与社会的关系问题，关注文化的治理性、文化政策研究、博物馆等文化机构的运作机制以及知识分子的社会职能等问题。本内特文化思想的形成受到了多种学说的滋养，不过最主要的当推福柯权力学说。在福柯理论视角下，本内特形成了自己的文化观，修正了文化研究方案，探索出文化研究新的领域和路径。因此，对于福柯思想的接受成为本内特思想发展历程的分水岭。

第一阶段：20 世纪 70 年代初到 80 年代中期

此一阶段是本内特文化思想的成长阶段，这期间他出版了《形式主义与马克思主义》《马克思主义与通俗小说》《霸权、意识形态、娱乐：黑泽》《邦德与超越：大众英雄的政治角色》等著作。

本内特在大学本科阶段学习政治学、经济学和哲学，博士阶段转攻社会学。攻读博士期间他对艺术和文学、社会学产生浓厚兴趣，博士论文以乔治·卢卡奇为题，研究卢卡奇关于现实主义和阶级意识的思想，这些经历为他后来走向马克思主义文学理论研究奠定了基础。博士毕业后，本内特进入英国布里斯托尔大学校外部工作，这个部门主要为成人学生开设一些业余教育课程。在他组织的一次关于马克思主义和文学关系的周末研讨会上，本内特结识了雷蒙德·威廉斯和爱德华·汤普森。此时威廉斯已经是享有盛誉的著名学者，而本内特是初出茅庐的年轻后生，威廉斯谦逊友好的人品和深邃的思想给本内特留下美好的印象，两人从此结下友谊，威廉斯的影响也深深嵌入本内特的学术研究中。本内特说："不过在那个时候（20 世纪 70 年代中期），我对威廉斯如何努力通过对那些促进英国文学学科发展的文化批评传统进行批判性评价，从而扩展新的文化分析空间的方式还没有十分清晰的认识。我的学术道路反映出我有着完全不同于威廉斯的学科训练和经验承袭。我更感兴趣的是，他与西方马克思主义传统之间更为明确的契合,表现在他对建立一种独特的马克思主义文学评论的关注上。"①威廉斯这种"建立一种独特的马克思主义文学评论"的目标与本内特的学术方向是一致的,1979 年本内特出版了他的第一部专著《形式主义与马克思主义》。

在这本书中,本内特提出了三个基本任务:"第一,介绍俄国形式主义,他们是一群在 1917 年十月革命之后的 10 年间做出了极其重要和有影响力的文学批评的文艺理论家。第二,对形式主义者的工作进行新的解释,由此促使马克思主义批评家更严肃认真地、包容理解地对待形式主义。第三,当前马克思主义批评所遭遇的许多困难基于这样一个原因:它从来没有与那些传统美学的理论清晰地区分开来,我们希望,通过对形式主义著作的重新解读,部分地纠正这个问题,提供一种新的马克思主义文学批评,一种新的文学观念,使其从美学领域转向政治领域。"②本内特从对形式主义的重新分析和评价入手,指出形式主义的理论成就在于从系统关系中定义文学,从而避免了对文学形而上的本质主义定义,但是他们的理论缺陷在于割裂了文学与社会的联系,无法对文学发展的真正原因作出历史的解释。本内特认为,阿尔都塞的结构主义马克思主义文学理论将形式主义的理论主张与马克思主义的意识形态论结合起来,借用结构方法对马克思主义的意识形态观进行改造,借用系统论方法重新阐释文学与意识形态、科学的关系,有其合理性也有其局限性。真正实现了马克思主义与形式主义综合创新的是巴赫金的历史诗学,它将具体的历史语境纳入文学研究,将文学视为在具体的社会情境中受到多种条件限制和规定的写作结果,克服了形式主义的缺陷,建立了符合历史唯物主义要求

---

① [英]托尼·本内特:《文化与社会》,王杰、强东红等译,广西师范大学出版社 2007 年版,第 17 页。

② Tony Bennett, *Formalism and Marxism*, London: Methuen, 1979, p. 3.

的文学理论。

1975年，本内特进入英国开放大学工作，先后担任社会学助教、跨学科研究课程讲师，开设大众文化课程。本内特说："正是在这种背景下，我开始了解伯明翰学派的著作，认识了它的主要领导人。20世纪80年代早期，斯图尔特 · 霍尔离开伯明翰到开放大学做社会学教授，我跟他们的关系就更亲密了。也正是在开放大学开设大众文化课程的过程中，我开始对威廉斯的早期著作及它们在开拓新的思想空间时所发挥的作用感兴趣。"[①]威廉斯"作为人类整体生活方式"的文化观念为本内特的大众文化研究提供了锚点。此时，英国文化研究正处于葛兰西转向的深刻影响之下，葛兰西的霸权概念和民族大众概念都对本内特产生了影响并为他当时出版的著作提供了理论框架。《马克思主义与通俗小说》《霸权、意识形态、娱乐：黑泽》以及他与沃尔夫寇特合作出版的《邦德与超越：大众英雄的政治角色》等，都是在这种理论框架下完成的。

第二阶段：80年代中期至今

这一阶段是本内特文化思想发展、丰富并最终形成自身特色的阶段，这期间他出版了《文学之外》《文化：改革者的科学》《博物馆的诞生：历史、理论、政治》《博物馆与市民：资料汇编》《超越记忆的过去：进化、博物馆、殖民主义》《解析趣味：澳大利亚日常文化》等著作。

这期间本内特从英国移居澳大利亚，任教于澳大利亚格里菲思大学，继续开设大众文化课程，历任社会学高级讲师、副教授、教授、人文学院院长，并担任澳大利亚"文化与媒体政策中心"主任、"文化政策研究所"所长。本内特说："澳大利亚的学术、政治和文化坐标在很多方面完全不同于英国社会，在此的工作经历也对我

---

① [英]托尼 · 本内特：《文化与社会》，王杰、强东红等译，广西师范大学出版社2007年版，第18页。

的理论和政治倾向的长期发展产生重要影响。"[①]澳大利亚独特的社会文化环境使得葛兰西理论在这里产生的影响微乎其微,"与英国的高度集中的政治体系相比,像澳大利亚这种在联邦政治体系中权力更为分散的分布状况使得葛兰西所提出的以政府为中心的权力集团概念似乎永远不能产生。与这种情况相一致,我对福柯的著作,特别是他讨论治理性的文章以及他对西方政治理论的批评也越来越感兴趣"[②]。

在福柯理论的影响下,本内特一方面继续进行文化研究,另一方面对马克思主义文学理论的研究也取得了新的成果,他所努力的新马克思主义文学理论正在成形,标志是《文学之外》的出版。这本书的写作跨越时间很长,是对《形式主义与马克思主义》中所讨论问题的延伸,是"运用新的方法来探讨这些问题的反映,这些方法源自我深入了解福柯著作及其对文化分析的建议而受到的影响,这些方面与我从英国文化研究的论争中所熟悉的观点是不一样的"[③]。但从这本书的内容来看,本内特吸收的理论绝不仅是福柯一人的,他还广泛吸收了结构主义、解构主义、拉克劳和莫菲的理论。在这本书的前言中,他直言不讳自己的立场是后马克思主义主义的:

> 这本书采用了与马克思主义文学理论进行批判性对话的形式。无论马克思主义文学理论的缺陷有多少,它仍然是在社会和历史语境中解释文学实践的最发达、最可信赖的理论传统。我尝试着提供一种对马克思主义文学理论的修正版

① [英]托尼·本内特:《文化与社会》,王杰、强东红等译,广西师范大学出版社2007年版,第23页。

② [英]托尼·本内特:《文化与社会》,王杰、强东红等译,广西师范大学出版社2007年版,第24页。

③ [英]托尼·本内特:《文化与社会》,王杰、强东红等译,广西师范大学出版社2007年版,第21页。

> 本，使之能够更好地符合马克思主义社会化和历史化的期望，但是在写作过程中，我越来越清楚地发现，马克思主义对能够为文学理论提供综合的社会历史的理论框架的宣称是名不符实的，因此，抛弃了马克思主义的总体化主张，我的概念是后马克思主义的，这当然不意味着反马克思主义——尽管我毫不怀疑有一些顽固分子将这样看我——而是对马克思主义概念和范畴的使用加以选择和限制。①

以后马克思主义理论为基础，本内特将文学研究从以往的美学话语中解放出来，重拾其理论的、政治的、批评的视角，重新建立一种外部研究模式。在本内特看来，文学并不只是社会的产物，文学本身是一种社会生产力，参与构成社会关系，因此文学与历史的关系需要进行重新解读，历史作为特殊的话语领域，处于一套明确程序的支配之下，对作为现存事实的过去的维持和改变进行调节。既然历史本身就是漂浮的能指，又怎么能指望历史为文学提供意义策源地呢？如此一来，对文学的阅读就不能以历史为标准，本内特提出了新的理论主张“阅读型构”，或者叫“生产性激活”，对读者、文本、语境之间的关系进行了重新关联。本内特认为，“阅读型构”的理论虽然与英国文化研究中解码/编码的方法研究受众存在着一些相似性，但是更有本质的不同，他认为前者具有一个致命的局限，“它们并未完全理解文本的本质以及文本的历史性的本质”②。

此后，本内特的研究重心全面转移到文化研究领域中来，对文化机构的运转机制及其在社会中发挥的作用进行了理论探索，

---

① Tony Bennett, *Outside Literature*, London and New York: Routledge, 1990, p. ix.

② ［英］托尼 · 本内特：《文化与社会》，王杰、强东红等译，广西师范大学出版社 2007 年版，第 22 页。

1995 年出版《博物馆的诞生:历史、理论、政治》,1996 年出版《博物馆与市民:资料汇编》。本内特认为,现代博物馆是随着自由政府的发展而诞生的,是自由政府为了培养能够自我约束、自我完善的主体而提供的文化福利设施。同时,随着现代考古学、人类学、古生物学、地层学等这些被他称之为历史科学的发展,博物馆不断改进展览规划和展厅设计,从而能为教育公众发挥更大的作用。在这些著作中,本内特明显地摒弃了葛兰西的霸权视角,并未将博物馆看作把人民规训成屈服的、异己的权力工具,而是采用福柯的治理性视角,将博物馆看作自由政府诱惑普通民众自觉参与到调整和改进的过程中来的一种手段,从而避免激烈的革命,使民众站在权力的这一边,成为权力的共谋。

在此基础上,本内特对文化与政府间的关系进行了深入思考,认为在统治技术得到广泛关注的背景下,文化的治理属性前所未有地凸显出来,文化研究应该将政策问题置于更核心的位置。本内特分析到:首先,从其历史发展来看,文化研究是在资本主义教育机制内诞生的,机制环境是其无法漠视的生存条件,因此文化研究天然地具有政策研究的合理性。其次,如果文化研究不能解释现代社会中复杂多样的文化组织、管理形式,只能证明文化研究在历史阐释和理论能力上的失败。出版于 1998 年的《文化:改革者的科学》一书集中表达了本内特这方面的观点。

对本内特来说,将政策作为文化研究的中心必然带来知识分子角色的转变。本内特对以赛义德为代表的"向权力说不"的批评型知识分子提出了质疑,认为他们总是把文化塑造成一个比政府权威层面更高的道德权威层面,从而为其在文化与政府的进程和机制的互相纠缠之外找到一个位置,高高在上。布尔迪厄的知识分子观也对本内特产生了启发作用,本内特认为,知识分子对自己与活动环境之间的关系常常持有一种错误的认识,他们并不能超然于生活环境或者政府机制;相反,他们很大程度上是在政府提供的支持下开展研究的，他们是在政府之内，而不是政府之外。本内特的意思并不是说知识分子是被政府收买的，是政府的雇佣文人，而是说，知识分子应该放弃纯粹的、不顾一切的抵抗立场，积极参与到政府文化政策的研究、制定中来，修订文化政策从而保证文化政策的良好效果。

1998年，本内特回到英国开放大学，接替了霍尔退休后空缺的教授职位。这期间，本内特先后受英国政府和澳大利亚政府、联合国教科文组织以及欧洲理事会等组织的委托，承担了许多文化政策研究方案。1999年，他与约翰·福楼等合编的《解析趣味：澳大利亚日常文化》出版。这本书在持守福柯理论的框架下，融合了布尔迪厄的“区隔”理论，通过对澳大利亚民众进行大量问卷调查，探究出社会阶级、年龄、性别、教育程度以及种族在人们的文化品味和鉴赏能力中所起的分化作用。本内特在对资料分析整理中也质疑了布尔迪厄的某些观点，比如与布尔迪厄不同的是，他认为对于社会利益的竞争而言，“社会资本”的占有比“文化资本”的占有更具有相关性。

2004年，本内特出版了《超越记忆的过去：进化、博物馆、殖民主义》一书，这本书是《博物馆的诞生》所谈论问题的延伸，探讨了19世纪后期及20世纪早期英国、美国及澳大利亚的博物馆与进化理论及政治观点的关系，采用了社会理论、科学研究和视觉文化研究的新成果，阐释了进化论博物馆与早期启蒙运动时期博物馆在展览中采用的不同的考古学、人类学、地理学进化论视觉知识，认为进化论博物馆培养出来的个体成为新的文化治理形式的基础。

综观本内特的文化理论，可见他始终持有一种历史唯物主义和治理性的文化观，不论是马克思主义文学批评还是文化研究，这种社会化、历史化的学术立场，关注大众文化状况的实践风格贯穿始终。

第二节　英国新左派与伯明翰文化研究中心

独特的环境孕育独特的思想，本内特文化理论的构建离不开英国社会政治、经济发展所提供的实践经验，更离不开英国别具民族特色的思想文化传统的深层影响。

一、战后经济恢复、新左派的诞生与文化马克思主义

历史悠久的英国具有厚重的本土文化，更具有一脉相承的人文精神传统，与德、法等欧洲大陆国家推崇理性思辨不同，英国向来以注重经验闻名。19 世纪以来，在阿诺德、莫里斯、休姆、艾略特和理查兹等人的影响下发展起一种基于经验的“文化—文明”传统，这种传统站在精英主义立场上，从文化的视角展开对资本主义工业社会的批判。20 世纪 20 年代，随着英国共产党的成立，马克思主义理论开始在英国传播，一批活跃的知识分子为之吸引并成为其坚定的拥护者。不过在最初的十几年里，由于英国共产党员队伍中尚未出现哲学理论工作者，马克思主义在英国的传播基本上是对苏联马克思主义也就是斯大林主义的教条化理解和运用，虽然也有个别知识分子如考德威尔具备了相关的学养与理论能力，将马克思主义基本原理与英国实际状况相结合从而对苏联马克思主义有所突破和发展，引发了一场“考德威尔论战”，但总体上看乏善可陈。对那时期的英国马克思主义，威廉斯曾评价到：“基本上来源于浪漫主义并通过阿诺德和莫里斯而继承下来的传统，被人用些马克思主义的只字片语进行补充，而且其表达用的仍旧是旧名词。30 年代许多马克思主义论著事实上都是旧浪漫主义

的抗议。”①

虽然英国马克思主义在三四十年代机械陈旧而缺乏活力，但在1968年的“五月风暴”之后，情况却发生了根本性转变——法国和德国的马克思主义因其狭窄的研究主题和浓郁的悲观色彩日渐丧失了理论之于实践的前瞻性和阐释效力，而英国的马克思主义却因为对政治、经济、社会、文化的强烈关注而逐步崛起于理论界，悄然改变着欧洲马克思主义的理论地图。正像佩里·安德森所说：“今天，学术成果的中心似乎落在说英语的地区，而不是像战争期间和战后的情形那样，分别落在说德语或拉丁语民族的欧洲。这种地域性转移表明了一种引入注目的历史性变化，在马克思主义文化传统上最落后的资本主义国家世界，突然间在很多方面都已变成最先进的了。”②而本内特恰恰诞生在英国马克思主义成长壮大的历史性转变之中。

本内特出生于1947年，这时英国经历了世界大战的创伤进入恢复稳定的历史时期。以艾德礼为首的工党成为执政党，他们推行温和的改革措施，实行银行、铁路等关键资料的国有化，扶持工会组织，提高工人待遇，改善公共住房，发展公共教育，逐步建立了福利国家。随后工党政府接受了美国的马歇尔援助计划，随着美国资本大量注入工业、企业及基础设施建设，英国经济迅速振兴。经济基础的变迁带来上层建筑的变化，雪莱、拜伦、柯勒律治等经典文化逐渐成为遥远的回忆，而摇滚乐、嬉皮士、肥皂剧、商业广告等光怪陆离的美国文化却开始迅速渗透进古老而保守的英国社会，逐渐成为英国人民习以为常的日常文化。

本内特的少年时代，英国社会经济获得很大恢复，福利国家全

---

① [英]雷蒙·威廉斯：《文化与社会》，吴松江、张文定译，北京大学出版社1991年版，第346页。

② [英]佩里·安德森：《当代西方马克思主义》，东方出版社2000年版，第24页。

面建成,工人阶级生活水平显著改善。生存状况的优化导致工人阶级革命意识和革命动力的衰退,英国共产党威望降低,工人运动转向低潮。马克思主义关于无产阶级革命与专政的理论以及社会发展规律理论似乎无力解释当代资本主义国家在社会及阶级结构上的显著变化,马克思主义理论遭遇到信任危机。与此同时,国际形势的动荡及风云突变也对英国左翼分子的政治信仰产生极大的负面影响。首先是 1956 年苏共二十大上赫鲁晓夫作了《关于个人崇拜及其后果》的报告,对斯大林进行了毫不留情的严厉批判和全盘否定。苏共领导人对斯大林突然逆转的评价犹如一颗重磅炸弹,在国际上引发了对斯大林主义和社会主义模式的激烈论争,更在社会主义阵营和资本主义国家的马克思主义者中产生了强烈的心理冲击,严重动摇了英国左翼力量对社会主义的信仰。苏共二十大还引发了一系列后续反应。1956 年 10 月,匈牙利暴发大规模群众示威游行活动,抗议政府的无能并发生流血冲突,为防止匈牙利事态向其他社会主义阵营国家蔓延,苏联强行出兵镇压了匈牙利动乱。苏联的行径让英国左翼力量看到了苏共对国际共产主义运动的霸权统治。同年,为了争夺对苏伊士运河的控制权以攫取巨额财富,英国与法国在胁迫埃及不成的情况下动用武力手段,轰炸开罗、亚历山大、塞得等城市,造成大量平民伤亡。此后,在联合国安理会出面斡旋,苏联、美国也出于利益需要出面干涉的多种压力之下,英法联军被迫撤出埃及,苏伊士运河控制权归还埃及。在这个事件中,英国左翼力量意识到了英国工党的帝国主义掠夺本性。

这些政治事件迅速瓦解了英国左翼力量的社会理想和信念,正像台湾学者陈光兴所说,“在匈牙利事件之后,英国社会主义分子已经不可能盲目地相信斯大林主义的教条,甚至必须根本地质疑苏联革命以降的历史大悲剧。另一方面,苏伊士事件也使左翼分子觉醒到殖民主义并未终结,福利国家的出现更不代表剥削的消失”[①]。左翼知识分子陷入了怀疑、困惑和迷茫之中，许多英国共产党员纷纷脱党。在这种情况下，没有放弃对资本主义社会进行分析和批判的激进分子采取了新的理论立场，他们不同于传统左派对社会主义的盲目迷信和极端怀疑，而是尝试在社会主义和资本主义之间寻求不同于前两者的“第三条道路”，通过这条道路达到理想社会的状态。他们就是即将登上历史舞台的新左派。

新左派最初诞生于1957～1959年，以《新明理者》和《大学与左派评论》两份刊物为阵地。丹尼斯·德沃金说：“新左派是一个多样的和非正式的政治运动，有着左派的特征。它包括核裁军运动的参与者，工会和劳动左派的有经验的人，激进专业人士，反正统文化的学生和艺术家以及异见的共产主义者。大体上说，新左派将自己看成工党左派和共产主义者的经济决定论以及工党领导者的修正主义的代替品。它认为自己的政治立场——社会主义的人道主义——不仅仅是另一种社会主义策略，社会主义的人道主义代表了基于整体生活方式和总体个人的另一种理论。他们给予文化和艺术以绝对优先的地位，因为这种实践与整体的人类生活是紧密相关的，并且因为文化设施和体制在人们生活中起着越来越重要的作用。”[②]在新左派看来，文化维度与政治维度同等重要，因为文化可以产生人类个体和社会整体的全部生活，文化是介入社会政治的一个层面。

1961年，《新明理者》和《大学与左派评论》合并为《新左派评论》，新左派拥有了更为集中的理论研究和斗争阵地。斯图亚特·霍尔担任主编，E. P. 汤普森等是主要撰稿人。“杂志主要由新左派新闻、文化和文学批评及政治分析组成，分析当代资本主义、福

---

① 陈光兴：《英国文化研究的谱系学》，《思想文综》1999年第4期。

② [美]丹尼斯·德沃金：《文化马克思主义在战后英国——历史学、新左派和文化研究的起源》，李丹凤译，人民出版社2008年版，第86页。

利社会、劳工政治、大众传媒、反帝斗争和大众文化……包括马克思主义和文化主义之间的辩论。”①

新左派理论研究推动了英国文化马克思主义的产生,它“源于一系列的努力,努力建立对战后英国的社会主义理解,努力把握当代生活中工人阶级富裕、消费资本主义和大众传媒飞速发展的作用等一系列元素的重要性。这些变化对传统马克思主义的假设——工人阶级必然预示社会主义社会的到来——造成威胁。它们也打破了传统左派对政治和经济范畴的完全依赖,因为战后变化影响了工人的‘整体的生活方式’,并正用新的和复杂的方式重塑他们的身份。文化马克思主义者试图发现这个新领域的结构,重新定义社会斗争。与正统马克思主义者将文化归为第二位——文化是对现实社会关系的反映——以及保守主义者将文化看成被思考和被写作的最好的东西——相反,文化马克思主义者在人类学意义上看待文化,将其理解为日常生活和经验的表现”②。

综合起来看,文化马克思主义主要有以下几个特征:(1)反对传统马克思主义关于经济基础和上层建筑之间单向的决定和被决定关系,反对经济还原论,主张上层建筑也可以对经济基础产生积极的客观决定作用;(2)坚持历史唯物主义基本原则,将之作为科学的研究方法,并将之运用于文化、文本、艺术等上层建筑领域的研究;(3)强调文化的基础地位和自主性,文化不是对经济的反映,文化本身是社会进程的物质构成部分,主张文化唯物主义,通过研究文化达到分析和批评资本主义社会的目的;(4)反对抽象思辨的理论研究方式,注重经验和实践,主张文化作为整体生活方式,最

① [美]丹尼斯·德沃金:《文化马克思主义在战后英国——历史学、新左派和文化研究的起源》,李丹凤译,人民出版社2008年版,第111页。

② [美]丹尼斯·德沃金:《文化马克思主义在战后英国——历史学、新左派和文化研究的起源》,李丹凤译,人民出版社2008年版,第95页。

终可以被还原成文化经验;(5)强调“自下而上”的历史观和研究视角,重视工人阶级文化,认为大众文化中含有潜在的反抗力量,可以通过教育、引导的方式将这种力量引发出来,促进社会主义目标的实现。

文化马克思主义在英国的流行对本内特产生了深刻的影响,本内特未来的学术立场正是站在文化马克思主义的基础上向前迈进的,他在建构后马克思主义文艺理论的过程中所秉持的反本质主义原则以及将文学作为话语实践的观点,正是文化马克思主义反对经济决定论和文化自主性的另一种表达。而他在文化研究中取得的成果,同样带有文化马克思主义的影子。或者说,文化研究正是在文化马克思主义的指导下发展起来的,两者之间具有千丝万缕的联系,因为推动文化马克思主义产生的新左派的代表人物如斯图亚特·霍尔、E. P. 汤普森、雷蒙·威廉斯等同时也是伯明翰文化研究的领军人物。

二、撒切尔时代、新左派分化与文化研究的范式之争

本内特于 20 世纪 70 年代接受高等教育并走上学术研究之路,此一时期也是英国社会的“撒切尔主义时代”。诚如霍尔所说,“1975 年是英国政治的转折点,首先是石油价格飙升,二是资本主义危机开始,三是在撒切尔式的领导下现代保守主义的变革”①。撒切尔夫人执政后采取了一整套经济、政治、文化政策以促进社会的发展,被称为“撒切尔主义”,大体说来包括以下内容:大力推行私有化和自由竞争,减少国家干预;改革国家福利制度,减少教育、医疗等的公共开支;打压工会,减少工会数量,削减工会影响力。撒切尔主义无疑对英国左翼势力的生存空间造成了打压,新左派

---

① Stuatr Hall, *The Hard Road to Renewal: Thatcherism and the Crisis of the Left*, London: Verso, 1988, p. 166.

出现分化,老一辈的威廉斯、汤普森等人被称为第一代新左派,佩里·安德森等人则成为第二代新左派的代表登上历史舞台。第二代新左派与第一代的显著不同表现在马克思主义理论研究上,他们认为理论研究不能只是经验的感性堆砌,必须以抽象思维建设理论框架构建马克思主义新的理论维度。为此,安德森等人大力推介欧洲大陆的马克思主义思想家著作,将乔治·卢卡奇、沃尔特·本雅明、赫伯特·马尔库塞、特奥多·阿多诺等思想大家引入英国。

"对于'西方马克思主义'的各个流派,安德森等人最初并没有表现出明显的倾向性。不过,在阿尔都塞的《保卫马克思》和《读〈资本论〉》分别于 1969、1970 年英译出版后,情况顿时为之一变——阿尔都塞以其结构主义的哲学取向、反人道主义的政治取向以及对马克思思想的激进解读,在各种'西方马克思主义'流派中脱颖而出,成为第二代新左派争相模仿的马克思主义范本。第二代新左派大多不同程度上阿尔都塞成了的追随者,而'结构主义的马克思主义'也就在事实上成为他们扬弃文化的马克思主义、建构革命的和科学的马克思主义的主要来源。于是,从 20 世纪 70 年代初开始,第二代新左派经历了一次集体性的结构主义转型。"①正是在这种文化背景下,本内特的博士论文选择对乔治·卢卡奇关于现实主义和阶级意识的思想进行研究。1979 年,本内特的处女作《形式主义与马克思主义》出版,对阿尔都塞结构主义马克思主义文学理论进行了理论辩驳。

结构主义马克思主义也在伯明翰文化研究中传播并发展起来,最终导致了文化研究中关于"文化主义"与"结构主义"的研究范式之争。以霍加特、威廉斯、汤普森为代表的强调文化的整体性

---

① 张亮:《从文化马克思主义到"结构主义的马克思主义"——20 世纪 60 年代初至 80 年代初英国马克思主义的发展历程》,《文史哲》2010 年第 1 期。

和经验性的研究范式被称为文化主义，而运用结构分析方法进行文化现象解码的霍尔、斯道雷等则成为结构主义研究范式的代表。比较而言，文化主义与结构主义在方法论上各有优劣：文化主义的优点在于通过经验传达，打破经济基础与上层建筑、社会存在与社会意识、文化与非文化之间的机械决定关系，主张两者之间具有辩证关系，“任何一方都不能脱离对方而单独存在”①；文化主义的缺陷在于，在“整体生活方式”的文化视域下，一切都被经验化，取消了社会实践之间的差异与不同，忽视了社会实践的斗争性和历史性。结构主义的优点在于认识到了限定性关系的存在，强调结构的统一性和复杂性以及对不同社会实践的制约性，突出意识形态的重要意义，并以此取代经验范畴，使文化对特殊生产方式再生产的影响和作用得到阐释；结构主义的不足在于，它贬低“某个确定时刻意识斗争的发展和组织是进行历史分析、意识形态分析和意识分析不可缺少的要素”，而这正是文化主义所强调的，“文化主义的活力源自于结构主义的策略性缺场和沉默”②。

20世纪70年代的文化研究中充斥着文化主义和结构主义之间无法调和的论争，这两种“土生土长的”和“外来的”研究范式泾渭分明、战事不断，“不能有任何容易的综合”③，或者如汤普森所言，这两个传统注定不会被强扭进一桩婚姻之中。本内特曾对范式之争总结道：“这些理论分析因其与不同学科视野的联系而愈加明显。结构主义最集中的见于对电影、电视和通俗文学的研究中，文化研究则几乎在历史学和社会学领域最为盛行，特别是有关工人阶级‘生活文化’或‘生活方式’的研究中。文化主义和结构主义的分歧有时候被挑衅性的、毫无必要的加深，特别是被E. P. 汤普

① 罗刚、刘相愚：《文化研究读本》，中国社会科学出版社2000年版，第56页。
② 罗刚、刘相愚：《文化研究读本》，中国社会科学出版社2000年版，第64页。
③ 罗刚、刘相愚：《文化研究读本》，中国社会科学出版社2000年版，第61页。

森的《理论的贫乏》所加深。在他那里，我们除了各取所需，几乎没有其他选择。更糟的是，仿佛根据某人的兴趣领域，我们不得不要么就是结构主义者，要么是文化主义者——如果我们研究电影、电视及通俗文学，就是前者；如果我们的兴趣在于诸如体育、青年亚文化类，就是后者。”①

范式之争在某种程度上促进了文化研究的发展，但也限制了其理论空间的拓展，尤其到 70 年代末期，范式之争僵化了人们对文化理论本身的理解。对文化主义而言，大众文化是被统治阶级利益与愿望的真实表达，而对结构主义而言，大众文化是意识形态国家机器，支配着人们的价值观和行为方式。文化主义与结构主义之间非此即彼的尖锐对立使得文化研究难以对当下文化现象中包含的社会冲突展开有效的话语阐释，人们意识到，要解决这个困境，必须超越文化主义与结构主义的二元对立，开辟新的理论视角和理论途径。这时葛兰西的霸权思想开始受到重视。

本内特敏锐地捕捉到了理论转向的风气，1976 年他在《大众文化与“转向葛兰西”》一文中最早明确提出“转向葛兰西”这一学术概念，指出葛兰西理论能够消解文化主义与结构主义的二元对立，因为在葛兰西理论中大众文化既不再是统治阶级意识形态的代名词，也不再是人民文化的变形，而是相互冲突的压力和倾向所汇集的力的场所，从而使文化研究中陷入困境的政治和理论问题得以重构。本内特揭开了当时已处于孕育中的葛兰西转向的序幕，此后霍尔也清楚指出了文化研究向葛兰西转向的趋势，他说：“在我看来，文化研究的路径已经尝试借助葛兰西确立的一些术语，从文化主义和结构主义两者中汲取最好的因素以推进自己的

---

① [英]托尼 · 贝内特：《通俗文化与葛兰西转向，媒介研究的进路》，汪凯、刘晓红译，新华出版社 2004 年版，第 427 页。

一些思考，这一路径最接近于满足文化研究领域的需要。”[①] 80 年代，葛兰西理论广泛影响了文化研究的发展，从大众文化到后殖民主义，从女性问题到青年亚文化，从媒介路径到影视传统，几乎任何一个主题都离不开葛兰西的身影。本内特也在葛兰西理论框架下开展大众文化研究，完成了《马克思主义与通俗小说》《霸权、意识形态、娱乐：黑泽》以及与沃尔夫·寇特合作出版的《邦德与超越：大众英雄的政治角色》等著作。

三、新自由主义的胜利、文化研究的全球化与澳大利亚的新语境

20 世纪 80 年代以后，以英国首相撒切尔和美国总统里根为推广者的新自由主义政治经济思潮占据了欧美发达国家的主流。新自由主义的特征是重视个体自由和个人主义，减少国家干预力量，尊重市场，尊重私有财产，努力为个人的公平竞争和自由选择创造机会。在新自由主义思想的指导下，英国克服了一度出现的经济和社会危机，获得了再次快速发展。新自由主义的优势不言而喻，但其缺点也是严重的，这就是经济原教旨主义，即社会的所有行为都以获取经济利益为最高目标，这导致了人们社会生活其他领域中矛盾危机的累积和加剧，而文化作为解决矛盾的重要途径受到重视。在这一历史背景下，以葛兰西霸权理论为指导的文化研究似乎陷于僵滞，而福柯的治理性理论和权力理论则预示着另一种可能。

与此同时，英美的经济复苏使新自由主义获得了诸多的追随者，其它国家纷纷效仿，吉姆·麦圭根曾惊呼新自由主义正在实现全球化。不少西方学者如美国的大卫·哈维甚至将中国的改革开放视为新自由主义的一部分。尽管哈维的论断失于武断，但新自

① 罗刚、刘相愚：《文化研究读本》，中国社会科学出版社 2000 年版，第 65 页。

由主义以其显著的发展成就从英国走向世界是个不争的事实。随同新自由主义全球化的脚步，英国的伯明翰文化研究也开始走出国门，走向世界。各地的学者们开始了频繁的国际交流，文化研究逐渐成为国际性的学术研究领域。本内特 1983 年受聘于澳大利亚格里菲思大学，开始了长达 15 年的澳大利亚生活。

作为一个松散的英联邦国家，澳大利亚的政治制度与英国高度集中的体制有很大差别，而澳大利亚人口构成的特殊性——白人和土著，或者说殖民者与被殖民者——带来的种族矛盾显然更成为澳大利亚社会问题的核心，为了化解这一矛盾，澳大利亚在 20 世纪 60 年代开始实施多元文化政策，尝试用文化手段解决经济问题和社会问题。因此，澳大利亚文化研究更倾向于文化实践，"更感兴趣于挖掘和发展特定形式的象征行为和特定时刻的文化实践的影响力，而不是去参照更为古旧的文化理论证明这样做的合理性"[①]。澳大利亚文化研究在"媒体的性别与种族表征、美学与日常生活的关联、大众文化的用途、公众的政治、空间的实践等实践领域取得了一系列引人注目的成果"[②]。

正是在这种社会历史文化背景下，本内特的文化研究也实现了理论范式的转型，他意识到葛兰西霸权理论对于文化制度的忽略，从而转向了福柯的微观权力理论和治理性理论。在福柯视角下，本内特更加注重文化治理性，主张"将政策引入文化研究"，从而在文化研究学术脉络的历史发展中开始了新的拓展。

---

① John Frow and Meaghan Morris, *Australian Cultural Studies: A Reader*, 出版社所在地：University of Illinois Press, 1993, p. xiv.

② 徐德林：《英国文化研究的形成与发展——以伯明翰学派为中心》，北京大学博士学位论文，2008 年。

第三节　流动的社会实践领域:本内特对文化的界说

“文化”是一个语义极为丰富的词语,带着巨大的包孕性和冲击力出现在知识图谱上,被威廉斯称为英语语言中最复杂的两三个词汇之一。究竟什么是文化?文化指称的内容是什么?无数哲学家、思想家、社会学家、人类学家、文学家围绕这一问题进行了前赴后继的不懈探索,绘就了一幅幅精彩纷呈的智慧画卷,然而乱花渐欲迷人眼,文化的迷思却似乎更加难以求解了。

一、各种意义的文化

从词源学看,英语中的“文化”即 culture 一词来源于拉丁语的 cultura,指对土地的耕种和对农作物的栽培。在此后漫长的历史演变中,“文化”一词逐渐获得了更多的引申义,不仅指对自然界的耕作,也指对人类精神世界的教化以及取得的成果,由此文化从动词发展成形容词,最后成为指称、描述和评价某种存在状态的抽象名词。尤其自 19 世纪以来,文化概念被广泛地讨论研究,有关文化的定义雨后春笋般呈现出来。据美国学者克罗伯和克拉克洪在《文化:一个概念定义的考评》(*Culture: A Critical Review of Concepts and Definitions*)中的统计,自 1871～1951 年的短短 80 年中,严格的文化定义就达 164 种之多。

在对文化概念的探讨中最早产生广泛影响的是马修 · 阿诺德的《文化与无政府状态》。在这本书中阿诺德提出,文化是对完美的追求,完美包括两个方面:一方面是美,即美好,指个体及整体人类心性、精神的普遍和谐发展;另一方面是智,即智慧之光、光明,指人们对发展规律的认知与把握,对国家秩序的遵从与守护。阿诺德的文化观对资本主义社会的工业文明进行了严厉批判,但遗憾的是带有鲜明的精英主义色彩、怀旧情绪和理想化成分,尤其是对工人阶级文化进行了肆意贬低。

不久之后,泰勒在《原始文化》中对文化进行了人类学的解读,提出了近代意义上第一个明确的文化定义。泰勒写道:“文化,或文明,就其广泛的民族学意义来说,是包括全部的知识、信仰、艺术、道德、法律、风俗以及作为社会成员的人所掌握和接受的任何其他的才能和习惯的复合体。”[①]泰勒开启了人类学文化定义的先河,此后博厄斯、克利福德·格尔茨、卡西尔等人类学家和哲学家围绕习俗、行为模式、符号结构等要素对文化进行阐释的努力都没有跳出泰勒文化观的框架。泰勒文化观的优点在于,以整体性的视野分析文化,主张文化的综合性和有机性,但缺点在于具体描述了文化的各个要素,却没有抽象出文化整体的根本性质。

威廉斯将对文化的研究推向一个新的高峰。他认为文化概念包含三种界定方式:首先是理想的文化定义,指“人类完善的一种状态或过程”;其次是文献式的文化定义,指“知性和想象作品的整体”;最后是文化的社会定义,指“对一种特殊生活方式的描述,这种描述不仅表现艺术和学问中的某些价值和意义,而且也表现制度和日常行为中的某些意义和价值”[②]。威廉斯的文化定义既扭转了阿诺德的精英主义立场,将下层人民的生活方式纳入文化观念并等而视之,又为泰勒空洞的文化内核填上实在的内容,但是该文化观却犯了将文化边界无限拓展以至于几乎与社会领域完全重合的错误。

由此看来,不论是马修·阿诺德的“甜美光明”说,还是泰勒的“复合整体”说,抑或雷蒙·威廉斯的“整体生活方式”说,还是本书

① [英]爱德华·泰勒:《原始文化——神话、哲学、宗教、语言、艺术和习俗发展之研究》,连树声译,上海文艺出版社 1992 年版,第 1 页。

② [英]雷蒙·威廉斯:《文化分析》,罗刚等:《文化研究读本》,中国社会科学出版社 2000 年版,第 125 页。

未曾一一罗列的“关系说”“阐释说”“模式说”，似乎都不能穷尽文化的全部内涵，将这个既是活动产物又是历史过程，既是人类成果又是矛盾集合体的概念所蕴含的能量充分释放。对于文化的研究既充满困难，又令人神往。伊格尔顿说：“作为一种观念，文化开始在历史危机四伏的四种情况下变得至关重要：当它成为一个堕落社会唯一明显的选择的时候；当艺术和美好生活意义上的文化在没有深刻社会变革的情况下好像就不再可能的时候；当它提供了群体或个人寻求其政治解放条件的时候；当帝国主义国家被迫与其所征服的人们的生活方式妥协的时候。”[①]这些情景使得对文化的研究被更加紧迫地提上了 20 世纪的议事日程，对于文化的追问成为人文知识分子更加沉迷的话题。

二、本内特的文化观

本内特的文化理论是目前为止对文化观念的研究中极有代表性的一种，他既吸收了前人关于文化的深刻洞见，又将这些观念放置于 20 世纪后半叶资本主义社会深刻变化的历史情境中，赋予文化新的研究视角，使文化的观念带有鲜明的时代特征。总的来说，本内特深受雷蒙·威廉斯和福柯的影响。虽然本内特深刻质疑威廉斯的文化定义，但后者的“文化唯物主义”理论却成为他反思机械经济决定论，进行后学式文化理论建构的哲学基点。而福柯关于自由政府、微观权力和治理性的理论，无疑为本内特的文化研究提供了最有力的方法论支持，也促使本内特最终放弃葛兰西的霸权理论，对大众文化的关注转向更为广阔的文化实践领域，迈向更加复杂化的文化表征。

本内特是一个后学者，因此他坚决反对一切形式的本质主义，

---

① ［英］特瑞·伊格尔顿：《文化的观念》，方杰译，南京大学出版社 2006 年版，第 20 页。

拒绝给文化下一个确切的、封闭的、凝固的定义。但是,本内特并非主张相对主义,反对将一切意义和价值都消解于相对主义的虚无之中。他倾向于将文化放置在一个开放的历史语境中,在不断变化的话语接合表述中阐释文化的内涵以及文化与社会的复杂关系。对于文化的研究,实质是对文化与社会之间千丝万缕联系的透视,文化不是某种孤立的、有着明确界限的客体,不可以从活生生的现实之中割裂开来,文化的价值和意义在于对社会的影响,文化的复杂性和难解性在于与社会的"剪不断理还乱"的纠葛。因此,本内特将文化看作社会实践的特殊领域,它没有可以抽象出来以标明自己身份的独特形而上本质,它具有的只是一些具体而实在的属性:

(一)文化的历史性

本内特赞同马克思在《路易·波拿巴的雾月十八日》一书中的提法,即"人们自己创造自己的历史",从而将人类社会的发展与人类整体的主观创造性活动结合起来,赋予历史更多可以把握的内涵。作为人类活动重要组成部分的文化,必然具有历史属性,这一属性具体包含两层意思:第一,文化本身是一个发展变化的历史过程。文化的定义之所以经历了多种延伸与演绎,是因为被指认为文化的东西从来不是一成不变的,在特定的历史情境中,文化的指涉物具有不同的范围,并且具有暂时的历史合理性。在18世纪资本主义工业文明日趋成熟的历史语境下,文化指代的是人类智识和情感的精华;在19世纪欧洲帝国主义殖民主义加深的历史情境中,文化指称的是包括殖民国家和被殖民国家在内的人类整体的生活方式;而在20世纪后工业文明和后现代主义历史时期,一方面资本主义社会结构深刻变革,另一方面世界格局深刻变动,全球化趋势日益加深,文化的内涵更加复杂,它指称的是一个社会实践的特殊领域。第二,文化是社会历史的构成部分。作为人类智识和情感精华的文化，构成了18世纪对资本主义工业文明的最初批判和反思；作为整体生活方式的文化，构成了19世纪不同种族、人群要求尊重和平等的政治诉求；而作为社会实践领域的文化，既构成了当今社会多元、差异、矛盾和斗争的场域，又构建了克服这些矛盾和困难的所在。文化不是幻想的产物，是由历史产生并在历史中起颠覆作用的一系列潜能，正如威廉斯指出的，"任何时候它都既包括对现在的反应，也包括对过去的延续"①。

（二）文化的物质性

本内特赞同马克思主义唯物史观，却反对马克思主义将文化作为上层建筑并最终受到经济基础决定的文化观，他认为这种文化观体现的是"疲软的唯物主义"。在雷蒙·威廉斯文化唯物主义的影响下，他赋予文化最彻底的唯物主义性质：文化是物质性的社会生产，存在于与物质世界的不停交往和能量转换中。他指出，基础与上层建筑这个比喻本身就是不恰当的，它容易使人将这两个领域作为界限分明、相对封闭的领域看待，犯了与马克思主义针锋相对的抽象分离的错误。文化并非按照从下而上的顺序悬浮在某个固定的基础之上，不论就其语言符号载体还是意识形态内涵而言，文化首先是物质性的，具有物质材料实体和可感的形式，它与经济领域的生产实践活动一样，也构成性地参与社会过程。"也就是说，文化总是一种在场，并且是第一位的，存在于经济、社会和政治实践之中，还从内部构建它们"②。如果套用经济基础和上层建筑这个术语，那么包括文化在内的整个上层建筑并非伫立其上，而

① ［英］雷蒙·威廉斯：《文化与社会（1780～1950）》，高晓玲译，吉林出版集团有限责任公司2011年版，第282页。

② ［英］托尼·本内特：《文化与社会》，王杰、强东红等译，广西师范大学出版社2007年版，第204页。

是全部融合在基础之中,是基础的组成部分。

(三)文化的治理性

文化一词在最初产生时即指对农作物的滋润、灌溉,后引申为对人的教育和培养。经由福柯治理性理论的启发,本内特将文化的教化功能提升为文化内有的治理属性。所谓治理,本内特的意思是指"特定的管理组织和过程,通过特定的政治制度和叙述事实的策略,使我们更积极地参与到对我们自身的管理与监督之中,并促进我们自身的发展"①。因此,文化以治理性作为本体论存在,它既是治理的对象,又是治理的工具。作为治理对象的文化,是指"下层社会阶级的道德、礼仪和生活方式"②;作为治理工具的文化,是指"艺术和智性活动,它们成为对道德、礼仪和行为符码等领域的管理干预和调节的手段"③。同时,本内特又将文化的治理性分成"自我治理"和"对我治理"两种形式:"自我治理"指个体为实现自我的完善而自发地亲近、主动地融入某种文化,而"对我治理"指国家社会为整体的改进而运用种种文化手段对个体施加影响、进行诱导。相比较"自我治理",本内特更强调"对我治理"的重要性,即强调国家力量的外部干预作用。

---

① [英]托尼·本内特:《文化与社会》,王杰、强东红等译,第206页。

② [英]托尼·本内特:《文化与社会》,王杰、强东红等译,第162页。

③ [英]托尼·本内特:《文化与社会》,王杰、强东红等译,第162页。

第二章　反思与调整:面向马克思主义文艺理论

在英国新左派掀起的一场以文化之名重新解读马克思主义的浪潮中,本内特将凝思的目光定格在马克思主义文艺理论上。在本内特看来,历史唯物主义是马克思主义最具革命性的世界观和方法论,马克思主义文艺理论必须以此为指导才能保证正确性和有效性,但是在马克思、恩格斯之后的文艺美学发展中,却有很多观点严重违背了历史唯物主义基本原则,这一问题在西方马克思主义美学中表现尤甚。

第一节　洞察西方马克思主义美学的困境

马克思、恩格斯对文艺美学问题的论述是片段性的,这些片段主要散布在马克思、恩格斯的《1844 年经济学哲学手稿》《神圣家族》第八章《巴黎的秘密》《〈政治经济学批判〉序言》以及给拉萨尔的关于历史剧《济金根》的回信中。马克思和恩格斯的这些论述凝练而闪烁着理性的光辉,是运用历史唯物主义和辩证唯物主义研究文艺问题的真知灼见,被称为“经典马克思主义文艺理论”。但是马克思、恩格斯的论述毕竟简短、零散、不充分,没有形成内容完备的理论体系，因此马恩之后的几代理论家们如梅林、拉法格、普列汉诺夫等对此进行了进一步的阐释和补充，他们努力“运用马克思、恩格斯创立的社会历史理论为世界观和方法论指导，对历史上和现实中的文艺和审美现象作出科学的评述和探讨”①。20世纪20年代以后，卢卡契、马尔库塞、戈德曼、阿尔都塞等对马克思主义文艺美学理论进行了又一次的集中发展，尽管他们的理论旨趣、观点主张有所不同，但却有个显著的共同点，即几乎将全部精力投之于文化、文艺问题的研究上，形成了马克思主义文艺美学理论最丰富的成果。

佩里·安德森曾热情洋溢地赞颂到：“西方马克思主义便这样自始至终地主要关注文化和意识形态问题。自从启蒙时代以来，美学便是哲学通往具体世界的最便捷的桥梁，它对西方马克思主义理论家具有一种经久不衰的特殊吸引力。在这方面所写的全部著作，其内容之广博，种类之繁多，同历史唯物主义的经典遗产中所有其它著作相比，都要丰富得多，也深刻得多。也许最终可以证明，这些作品是西方马克思主义最永恒的集体成果。”②伊格尔顿也在《当代西方文学理论》的中译本《前言》中说：“它(指西方马克思主义)确认了一批令人鼓舞的、内容丰富的作品，这种作品认为它对‘文化’‘意识’‘基础’和‘上层建筑’的解释方式超过了不适当的或机械的概念，而且更重要的是，它无情地反对用任何机械宿命论来解释马克思主义，强调人类意识、行为、道德价值和生活经验的中心性。”③

---

① 谭好哲：《艺术与人的解放——现代马克思主义美学的主题学研究》，山东大学出版社2005年版，第9页。

② [英]佩·安德森：《西方马克思主义探讨》，陆梅林：《西方马克思主义美学文选》，漓江出版社1988年版，第167页。

③ [英]特里·伊格尔顿：《当代西方文学理论》，王逢振译，中国社会科学出版社1988年版，第9页。

然而，就在英国马克思主义者们为西方马克思主义美学备受鼓舞，并以之为范本进行英国本土的马克思主义文艺理论建设时，本内特却冷静地发现其庞杂成果中存在严重的困境，他说："从接合表述的意识形态收益上来说，西方马克思主义所开辟的美学理论是值得肯定的，但是从长远的理论成果来说则不然，事实上，西方马克思主义所取得的成就是以关闭了长远的理论和政治生长潜力为代价的。"[①]因为西方马克思主义美学理论并非以马克思主义为基础，而是在前马克思主义的哲学立场中寻求支持，"对于卢卡契来说是黑格尔，对于克莱蒂是康德，而对于阿尔都塞则是斯宾诺莎"[②]。也就是说，西方马克思主义美学非但没有以新问题置换和取代资产阶级哲学美学的旧问题，反而继续沿用了哲学美学的概念、范畴和方法论，将文学艺术作为与现实之间恒定不变的审美模式，预设了理论完成的前提。西方马克思主义文艺批评与资产阶级文艺批评形成了假设同谋，"构成了马克思主义理论中最缺乏马克思主义的部分，仍然接受资产阶级问题框架的强大的万有引力，与马克思主义的经济或政治理论形成很大反差"[③]。

因此，本内特将西方马克思主义文艺美学看作是关于马克思主义而非属于马克思主义的理论，这背离了马克思主义历史化、社会化、政治化的逻辑要求，不能为文艺美学现象提供有效的解释。本内特的论证是这样展开的：

---

① Tony Bennett, *Outside Literature*, London and New York: Routledge, 1990, p. 31.

② [英]托尼·本内特：《文化与社会》，王杰、强东红等译，广西师范大学出版社2007年版，第14页。

③ [英]托尼·本内特：《马克思主义与通俗小说》，[英]马尔赫恩：《当代马克思主义文学批评》，刘象愚等译，北京大学出版社2002年版，第206页。

一、西方马克思主义对文学艺术的界定是“唯心主义简约论”

西方马克思主义将文学艺术表征为上层建筑意识形态的组成部分，赋予文学一种形而上的本质存在。对卢卡契来说，文学的本质在于现实主义的反映社会生活，对人的精神世界和人的相关本质进行表现，提供一幅关于“整体的人”和“完整的人”的现实图像，超越“现象与本质、个别与规律、直接性与概念等的对立”[①]，直接激活人类心灵力量；对阿尔都塞来说，文学的本质在于通过对日常生活经验的变形，帮助人们从意识形态内部疏离意识形态，看到、察觉到意识形态的结构，从而达到对社会与个人的真实存在的科学认识。而对于马尔库塞来说，文学的本质在于对现实的批判与否定以及对社会主体新感觉、新意识的促生。

本内特认为，西方马克思主义将文学从丰富多彩的现实生活中剥离出来，概括为一种抽象的概念存在，这违反了马克思主义从抽象到具体的方法路径，而与德国古典哲学美学从具体到抽象的方法路径如出一辙。这种做法忽视了文学在现实社会中的感性面貌，以致于不论历史发展状况多么复杂，不论社会关系结构多么错综，文学都成为对现实世界某种永恒不变关系的表征。虽然这种表征在具体运用中会有表述上的不同，或者是反映无产阶级的阶级斗争，或者是表现超越阶级的普遍人类精神，但实质是相同的，即都将文学界定为“由一种其术语与意识形态共谋的二律背反支配，认定艺术本身的功能克服了这种对立的影响”[②]。

---

① 转引自谭好哲：《艺术与人的解放》，山东大学出版社 2005 年版，第 113 页。

② [英]托尼 · 本内特：《文化与社会》，王杰、强东红等译，广西师范大学出版社 2007 年版，第 26 页。

本内特不仅对西方马克思主义的文学本质观进行了批评,还指出了该本质观在逻辑推理上的缺陷。他认为西方马克思主义其实是根据文学功能来界定文学本质,在人和文学之间预设一种审美关系,“主体把自身视为人的自我建构历史过程的产品,相应的艺术作品体现了这种过程,同时也预告了它们的完成。任何对各种各样的孕育艺术作品的社会关系的不同结构的审视,任何对这些孕育在那些关系之中所起的不同作用的审视,都被预先确定,以至于这种关系被坚持,最终被抬升为普遍的易受哲学规定影响的主客体关系”①。也就是说,文学具有的不断克服劳动分工对主体造成的异化影响的功能,帮助主体认识到体现某种历史要求的固有价值,促进主体意识自我完善的功能最终转变成了文学的本质。本内特将之称为“机械本质主义”,从逻辑层面否定了它的合理性。

如果只是对西方马克思主义的唯心主义本质观做出批判,那么本内特的主张并没有什么特别的地方,毕竟安德森早已经指出了这一点:“长期求助马克思以前的哲学传统所带来的危险,是不需要再作强调的:它们之中包含的大量唯心主义的或者宗教的主题是人所共知的。”②本内特的贡献在于对西方马克思主义的唯心主义做了具体分析和区别对待。他指出,西方马克思主义文论某种程度上回避了形式主义的审美先验性和唯心主义的主体既定性观念,因此他们的唯心主义简约论是一种向上的简约论,它虽然超越了历史,却又置于社会化和历史化范畴的片面使用规则之下,赋予历史一种特殊的身份。因为文学作品要超越历史达成与现实世界的恒定关系,又只有通过社会历史状况才能实现,文学与历史的

① [英]托尼·本内特:《文化与社会》,王杰、强东红等译,广西师范大学出版社2007年版,第26页。

② [英]佩·安德森:《西方马克思主义探讨》,陆梅林:《西方马克思主义美学文选》,漓江出版社1988年版,第156页。

关系就这样被深深决定了。

本内特指出，卢卡契的普遍性使命理论很充分地体现了这一点。在卢卡契看来，一方面，文学对阶级意识的形成和发展意义重大，“将重要的社会阶级的经验凝聚起来，并且赋予一种形式……文学文本塑造了这些阶级的世界观”①。但是另一方面，卢卡契又强调，文学文本的地位随着阶级的历史作用的变化而发生变化。以现实主义小说而言，18 世纪反映了上升时期资产阶级整体生活状况的现实主义小说是伟大的世界文学，而 19 世纪随着资产阶级剥削的加重、堕落的滋生以及它作为先进阶级地位的丧失，莫泊桑、福楼拜等对资产阶级生活状况进行反映的现实主义小说日渐走向僵化，最后导致左拉等作家完全站在旁观者的立场上对社会生活进行片段的、表面的自然主义素描。“阶级给文学文本提供了最终决定(尽管不直接)的社会基础，它在特定的生产方式之中具有有限的意义，所以对时代的重要的政治文化趋向所产生的影响也是有限的，文本的普遍性能力也被评估为有限的。”②卢卡契将文学与历史安排成一种与历史发展倾向相吻合的关系，就拿现实主义文学来说，它既帮助无产阶级认识到历史构建的矛盾所在，又是历史发展过程的中介反映。不过这种关系的最终被揭示还要依靠历史生成的主体，它既是历史的产物，又是历史的超越者。

因此，本内特既对卢卡契的观点进行了批评，又部分地肯定了其理论意义：“卢卡契将相关的价值与意义赋予文学文本身上，靠的是让它们的未来价值和意义完全支配它们过去和现在的价值和意义的理想主义观念……它的生产背景使它既能继续早期的现实

① [英]托尼 · 本内特:《文化与社会》，王杰、强东红等译，广西师范大学出版社 2007 年版，第 27 页。

② [英]托尼 · 本内特:《文化与社会》，王杰、强东红等译，广西师范大学出版社 2007 年版，第 27 页。

主义倾向，又能期望后来的现实主义倾向。文学文本的客观意义和价值因而被它们的生产背景为它们在宏大历史的后设文本中的生成位置所决定。”[①]这即是说，文学的使命是在与历史的关系中比较产生的，它既是解释历史的可靠参照物，又被历史限定了意义可能。

但无论如何，本内特并没有因为向上的唯心主义简约论而放弃对西方马克思主义文学理论的批判，在他看来，这已经从最根本上动摇了马克思主义的历史唯物主义主张。

二、西方马克思主义对文学艺术的表征是“多元决定论”

西方马克思主义一方面承认外在的社会历史条件对文学起决定作用，对文学的研究必须放在政治、经济、意识形态的一般关系结构中进行；另一方面又不能接受单纯从社会历史状况层面研究文学，主张文学具有自主性和历史超验性，文学研究应该首先着眼于文本的形式属性和形式功能。而在具体的文学批评实践中，西方马克思主义者有意无意地淡化了历史维度，将复杂的社会影响简化和抽象化之后悬置在一边，转而强调文学的内在特性。

本内特一针见血地指出了马尔库塞美学理论中存在的问题。马尔库塞认为一件艺术品是否真实，不在于它的内容，也不在它的纯形式，而在于它是否将内容转变成了形式，即是否获得“美学形式”，因为“美学形式构成了艺术对于既定事物的自主性”[②]，它可以超越社会历史的限定，获得普遍的否定力量和批判力量。“美学转化变成了一种认识和控诉的工具。但是，这种成就以一定程度

① ［英］托尼·本内特：《文化与社会》，王杰、强东红等译，广西师范大学出版社2007年版，第28页。

② ［德］赫·马尔库塞：《美学方面》，载陆梅林：《西方马克思主义美学文选》，漓江出版社1988年版，第257页。

的自主性为先决条件,有了那种自主性才能使艺术脱离既定事物的欺骗力量,自由地表现它自己的真实。”①

本内特发现了马尔库塞这一观点中的康德美学的因素,让主观超验性凌驾于客观历史性之上,这破坏了马克思主义对文艺相对自律性的辩证主张。虽然其他西方马克思主义者并不像马尔库塞这般典型,声称在理论上接受文艺的相对自律性,并以此为基础阐释文学与外部影响因素的相互关系,但当对哪些是文学文本做选择时,他们的相对自律却导向了截然不同的理论路径。作为“自律性”定语的“相对”二字本身具有难以界定的意义范围,“相对”的边界无法确定,这使得“自律性”具有了无限的延伸空间,而西方马克思主义往往不能辩证地把握二者的关系,于是他们承认文本的生产目的、生产方式、接受环境和传播方式千差万别,在特定体裁系统中的位置各相差异,但又同时强调凡是文学文本,必然具有某种相同的组织属性,正是这种属性将文学与其他的符号系统区分开来,成为辨别文学与非文学的独特规定。

本内特认为:“为了说明文学的相对自律,并使它成为其特色,分析必须使自己调整方向,以不同于文学生产的历史关系,其目的是从这些抽象出一系列能说明在形式结构中的潜在共同性重现的规定关系,这种形式结构给予这样的文本文学性称号,尽管它们在其他方面并不相同。从这样的假定出发时,即从被指定为文学的文本一定有一系列潜在共同品性出发时,西方马克思主义者的分析就离开了它所要求的社会历史具体性场域。”②西方马克思主义对文学自律性的强调是对两种争锋相对原则的无效调解:一方面,

---

① [德]赫·马尔库塞:《美学方面》,载陆梅林:《西方马克思主义美学文选》,漓江出版社 1988 年版,第 260 页。

② [英]托尼·本内特:《文化与社会》,王杰、强东红等译,广西师范大学出版社 2007 年版,第 30 页。

西方马克思主义试图在社会历史语境中对文学形式的功能特征进行外部分析;另一方面,他们又将文学作品看作超越历史的永恒存在进行内容要素的抽象归纳。本内特认为,这两种立场间的张力显然是无法调和的,因为西方马克思主义是以坚持"文学具有一种恒定的功能和作用"为前提条件而主张文学的相对自律性,而这种功能和作用恰恰是"社会历史的分析难以触及的"①。

除此之外,本内特对多元决定论的批判还包含另一层所指,他说:"作为一个结果,(西方)马克思主义者的文学相对自律概念典型地导致了一种无立场的扩散。"②他的意思是指,西方马克思主义对文学的区分往往通过否定性描述获得认证,例如阿尔都塞,将文学作为既非意识形态又非科学的表意系统。但文学与意识形态和科学的关系又绝非单纯的否定关系:文学"由于它的作用而在一些方式上与意识形态联系起来……由于依赖于这种(指科学,作者按)表述……提供了一种知识,它尽管具有不同的组织,也与科学所提供的一样客观"③。文学就处在这样一个上层建筑的三位一体的复合化概念中。本内特指出,这种表征的最大困难在于,"意识""形态""科学"这些概念本身就是不明确的,它不能为文学的划分提供一个稳定、可靠的基础。同时,单纯依据彼此之间的关系进行身份的界定,把社会因素排除在外,文学就成为悬浮的空中楼阁。

① [英]托尼·本内特:《文化与社会》,王杰、强东红等译,广西师范大学出版社2007年版,第31页。

② [英]托尼·本内特:《文化与社会》,王杰、强东红等译,广西师范大学出版社2007年版,第34页。

③ [英]托尼·本内特:《文化与社会》,王杰、强东红等译,广西师范大学出版社2007年版,第35页。

三、西方马克思主义对文学价值的推断是片面的

对于文学等人文社会科学的研究方法，马克斯·韦伯曾提出“价值中立”说，认为人文社会领域的研究应该排除主观价值判断的干扰，采用科学客观的立场，描述和说明事实，而不是评价和判断优劣。本内特与韦伯持有截然相反的立场，在他看来，任何文学作品和文艺理论都不可能实现价值中立，必然含有特定的倾向和选择；所有的写作形式也不可能是平等的，作品之间总是有优劣之分。因此他说：“马克思主义者不可能在始终进行着的文本的社会定价或反定价过程面前袖手旁观。”[①]但是本内特指出了西方马克思主义文论在有关价值倾向的问题上存在严重误解，这就是对价值的过度强调和片面推断，甚至“把价值问题看做与文学问题同一的或通过文学问题予以阐明的东西”[②]。也就是说，西方马克思主义者将文学价值问题作为文学研究的核心和关键问题，以此为抓手将一系列不同的分析问题不加区别地混合起来。例如，将文学价值起源问题与文学性问题混同，将不同种类的价值判断如审美评价与政治评价混同。

本内特从两个方面进行了阐释：首先，西方马克思主义对文学价值的判断倾向于依据文学文本产生时的条件进行裁夺，一旦文本价值被阐释，它将一劳永逸地占据马克思主义文论对该文本历史功能的评价。这种价值判断方法虽然注重了社会语境对文本意义的参与性，却忽略了这样一些问题：文本产生之后在怎样的物质条件下被保存？如何被筛选出来？如何被复制和传播？这种筛选

① [英]托尼·本内特：《文化与社会》，王杰、强东红等译，广西师范大学出版社2007年版，第208页。

② [英]托尼·本内特：《文化与社会》，王杰、强东红等译，广西师范大学出版社2007年版，第208页。

和复制依循怎样的批评标准和制度过程,又如何被人们接受?本内特说,西方马克思主义的这种价值判断"忽视了文学概念所表明的应该如何看待创作领域之内部组织的历史相对性……忽视了那些把特定文本再生产为有价值文本的消费条件"[①]。从这个意义上讲,本内特批评马克思主义只有文学生产理论而没有接受理论的观点也就具有了合理性。

其次,西方马克思主义将"价值看做至少在相当时期内基本上静止不动的东西,看做刻写在那些一贯受人敬佩的文本中的固有特性"[②],例如卢卡契根据文本与历史的接近程度和文本能否正确的反映历史现实判断文学价值,阿尔都塞根据文本与它们隐含的意识形态的距离来判断文学价值。这样的结果便是丢掉了"进行价值判断的不同理由的多元性以及产生不同价值判断主体的话语多元性"[③],雄心勃勃要去构建一个普遍的价值主体,使之超脱于历史,在当下的冲突纷争中预设了自己的判断权益,这无疑深刻违背了马克思主义的历史原则。

本内特对文学价值的看法显然不同于西方马克思主义,他认为价值不仅仅是文本具有的内在属性,也与主体相关,是主体出于某种理由赋予价值客体的,而这种理由不过是不同观念下价值判断话语的产物。马克思主义对文本价值的判断也只是一种特殊理由而已,从政治上讲,它可能高于作为竞争对手的其他价值判断话语,但从逻辑上讲它们都是平等的。

伊格尔顿在《批评与意识形态》的最后一章《马克思主义与美

---

① [英]托尼·本内特:《文化与社会》,王杰、强东红等译,广西师范大学出版社 2007 年版,第 207 页。

② [英]托尼·本内特:《马克思主义与通俗小说》,[英]马尔赫恩:《当代马克思主义文学批评》,刘象愚、陈永国译,北京大学出版社 2002 年版,第 209 页。

③ [英]托尼·本内特:《马克思主义与通俗小说》,[英]马尔赫恩:《当代马克思主义文学批评》,刘象愚、陈永国译,北京大学出版社 2002 年版,第 209 页。

学价值》中集中论述了文学价值问题，本内特认为，伊格尔顿典型地具有西方马克思主义关于文学价值理论的所有弊病。伊格尔顿声称："马克思主义批评的任务，是给文学价值的基础提供一种唯物主义的解释……唯心主义只能给价值标准提供主观主义的解释。"[①]这种"为文学价值提供唯物主义解释"的观点实际上蕴含了两层互相矛盾的含义：一方面，伊格尔顿将价值作为外在于文本的、关系性的因素，对文学价值基础的阐释依据文本在消费过程中"价值意识形态"产生的具体判断准则和理由，价值判断主要回答对谁有价值、在怎样的条件下有价值等问题。这种对价值问题的表述具有一定的进步性，因为它预设了"审视文本——意识形态联接不同的读者群在评价不同类别的文本时价值生产的意识形态条件；假设不同的价值意识形态中产生不同的价值判断理由的多元性"[②]。

但是另一方面，伊格尔顿又认为价值是被生产文本的历史条件所赋予的、内在于文本的因素，存在于文本之中并通过历史条件获得解释。这也就意味着伊格尔顿将文学价值问题与文学性问题混同了起来，对文学价值的判断因而成为了对文学审美自律性的追索。"马克思主义批评挑选来审查的文学本文，不可避免会跟文学唯心主义奉为伟大的那些作品相重叠，这并不应使人感到为难"[③]。因为在伊格尔顿看来，伟大作品本身包含着价值，价值并不仅仅来源于对历史制约性的超越，更来源于文本自身，"亦即由于产生那种内部的构成文学性质意识形态难题的多重决定因素。

① [英]特·伊格尔顿：《马克思主义与美学价值》，陆梅林：《西方马克思主义美学文选》，漓江出版社 1988 年版，第 699 页。

② [英]托尼·本内特：《马克思主义与通俗小说》，[英]马尔赫恩：《当代马克思主义文学批评》，刘象愚、陈永国、马海良译，北京大学出版社 2002 年版，第 212 页。

③ [英]托尼·本内特：《马克思主义与通俗小说》，[英]马尔赫恩：《当代马克思主义文学批评》，刘象愚、陈永国、马海良译，北京大学出版社 2002 年版，第 700 页。

在将文本生成意识形态文本的种种价值意识形态之下，有一个‘真正价值’的内核，它仅仅从意识形态幻觉构成的读者主体那里求得部分的认可，但是读者期待总有一天会认识到它的真正本质”[①]。

本内特指出，伊格尔顿对文学价值的阐释是历史主义和审美内在性的矛盾结合，文本的内在价值等待着超越了自身局限性的普遍主体的发掘，而普遍主体作为历史进程的主客统一体迟早会在某个时刻突破自身的历史性，真正认识到文本内在价值。这种马克思主义的文学价值理论削弱了唯物主义的理论原则，忽略掉了价值判断的真实历史。因此本内特认为，马克思主义批评不应局限于价值理论，而是应该着力分析造成价值纷争的社会意识形态条件，“就评价过程的形成情况而言，这是一个政治问题，而不是美学问题”[②]。

四、西方马克思主义对文学类型的划分是庸俗“体裁社会学”

事实上，关于文学体裁的论述和主张，是西方马克思主义相对薄弱的一环，留下的理论成果比较少，对其进行总结和研究的人也不多。然而那些为数不多的论述依然能够代表西方马克思主义对于文学体裁问题的基本看法，本内特正是从中发掘了它所犯有的错误。

西方马克思主义主张社会生活对体裁具有决定作用，体裁是对社会生活的反映，一定的体裁总是在一定的社会条件下产生，因此与这种社会形态存在对应关系。本内特认为，该理论坚持了马

① [英]托尼·本内特：《马克思主义与通俗小说》，[英]马尔赫恩：《当代马克思主义文学批评》，刘象愚、陈永国、马海良译，北京大学出版社2002年版，第213页。

② [英]托尼·本内特：《马克思主义与通俗小说》，[英]马尔赫恩：《当代马克思主义文学批评》，刘象愚、陈永国、马海良译，北京大学出版社2002年版，第214页。

克思主义历史的、唯物主义的基本立场，但却不幸沦为肤浅的历史唯物主义，因为它只是将社会对文学的决定作用放在文学主题等表层问题上进行讨论，却忽视了其在文学功能和意义层面上的决定性。他指出，这种观点与庸俗社会学本质相同，虽然两者对体裁诞生的社会基础理解不同——对西方马克思主义者来说意识形态或阶级斗争更为重要，而对庸俗社会学来说观念和价值得以传播的社会机构更为关键——但是两者却有相同的逻辑推理形式，即首先对体裁进行定义，其次对体裁的历史地位进行评价，最后对体裁的成因进行社会遗传学解释。因此，本内特将西方马克思主义的体裁理论称之为庸俗的体裁社会学。

本内特说："体裁社会学试图依据一定的明确特征来突出体裁的特征，我们知道，最后总是证明，这种明确特征被相互关联地想象为与其他体裁的特性相区分的差异性，而其他体裁的特征，尽管也是假定地给出的，目的也是给尚成疑问的体裁下定义，但同样，作为与另外的体裁区分开来的差异性也被认为是可以理论化的。这相应地意味着，如果要用这类体裁作为其他体裁独特性得以限定的固定参照物，那么这类体裁难以如人所愿地发挥作用。"①

也就是说体裁社会学总是根据文学作品所具有的共同主题因素进行体裁划分，有时依据狭义的共同主题，有时依据广义的共同主题，不过最多地还是采用了俄国形式主义者主张的"占优势的主题"，即艺术作品的核心主题，它统治、限定和转换作品的其他因素。因此体裁就被认为是由这样的文本所组成的集合：这些文本具有相同的关键主题因素，其他的形式因素则作为关键形式因素的附属，它们之间是否具有共同存在的基础并不重要，因为它们被关键主题因素过度决定。"塞万提斯的《唐吉诃德》与卡夫卡的《审

① [英]托尼·本内特：《文化与社会》，王杰、强东红等译，广西师范大学出版社2007年版，第36页。

判》虽然很少有共同点，但是它们都符合卢卡契对于小说的定义：小说是一种叙事形式，它塑造了问题英雄，在一个失去了上帝的世界里执着的追寻真理和价值。”[①]这种体裁定义方式，导致体裁的边界过于宽泛和模糊，使得社会遗传学分析只能聚焦于尽可能少的社会结构的共同方面，而社会结构本是体裁产生的基础。

本内特以小说理论为例对体裁社会学进行了批判。以主题因素归类的小说理论，将小说看作是随着资本主义社会的产生而产生的资本主义社会的主要文本，小说使资本主义社会与其他社会形态的区别得以具体化。小说这种体裁的发展历史因此和资本主义社会的发展史相对应，但这两个历史体系之间又具有等级关系，前者是后者的表现，后者决定前者的产生。本内特认为，伊恩·沃特与吕西安·戈德曼的小说理论是这种观点的典型代表，但两者又各有特点。

伊恩·沃特对小说定义如下：小说是一种形式现实主义、一种独特的叙事方式，致力于表达个人主义的、特殊化的生活观念。“形式现实主义是小说这种体裁的叙事基础，小说是对人类经验全面的、自主的描写，必须遵从读者的生活经验，因此小说主人公的个性，故事发生的时间、地点，情节的设置等等，都比其他类型文学体裁更注重语言的指称性和信息传播性。”[②]沃特认为，小说体裁诞生于18世纪的英国，因为那时的英国社会具备了小说产生的条件——对个人价值的认可和个人主义的广泛流通。沃特指出，个人主义既是资本主义社会的主导因素，也是小说体裁的主导因素，从而在小说体裁与资本主义社会间建立了联系机制，并将文学生

---

① Tony Bennett, *Outside Literature*, London and New York: Routledge, 1990, p. 81.

② Berkeley and Los Angeles, *The Rise of the Novel: Studies in Defoe, Richardson and fielding*, London and New York: University of California Press, 1988, p. 9.

产的市场化以及阅读群体的扩大化作为资本主义社会为小说的发展提供的物质基础。沃特将这种推理从18世纪的英国扩展开来，认为当英国之外的其他社会发展到与英国同等的社会条件，尤其是中产阶级力量壮大时，小说才有可能真正发展起来。

本内特指出，沃特对小说体裁的这种界定存在误区。体裁得以区分，是通过相同点和无立场的结合来实现的，无立场总是在逻辑上优先于相似立场。随着体裁界限要求明确，无立场的内容正在激增，要确定一种体裁，必须通过一系列在场和缺失的对比来进行。因此，体裁的确定不能仅依靠无立场，必须将之与其他写作类型进行对比。本内特认为，如果沃特将形式现实主义作为小说的主导因素，是因为形式现实主义已经从其他写作类型中解脱出来了，而只有先将这种相对体系建立起来，小说体裁才能提出。“如果小说体裁的确定性是根据一些不确定的区分达成的，那么区分标准不同，小说体裁的界定就不同”[①]。

吕西安 · 戈德曼将小说定义为“在一个堕落的世界中，用一种堕落的方式追求人生真谛的故事”[②]。因此，小说体裁的确定性在于它是一种叙事结构，来自于对一系列真正价值进行不懈追求的人生探寻。戈德曼在资产阶级交换价值中发现了小说的社会基础，小说的结构象征着资本主义社会中人与商品之间的关系。如果小说结构是由在堕落社会中英雄对真正价值的追求来支配的，那么生活经验就是由对真正的使用价值的渴望和交换价值对那种渴望的歪曲之间的张力组成的。在这两种结构的对应中，小说可被看作市场经济下、个人主义社会中、日常生活在文学中的转换。

---

① Tony Bennett, *Outside Literature*, London and New York: Routledge, 1990, p. 91.

② Goldmann Lucien, *Towards a Sociology of the Novel*, London: Tavistock, 1975, p. 6.

本内特认为,戈德曼与沃特对小说和资本主义关系的建构是不同的,因为对戈德曼来说,资本主义的大文本是由对商品的盲目崇拜提供的,而对沃特来说,则是由韦伯的新教伦理与资本主义精神提供的。评判戈德曼与沃特理论的优劣是困难的,但本内特并不想为此付出过多精力,他关注的是另一方面:同样是运用马克思主义体裁社会学方法建构小说理论,得出的却是完全不同的结论,这足以说明体裁社会学本身的理论缺陷。体裁社会学尽管反映了真实的社会关系,却只是一个抽象的概念。

本内特对体裁社会学批判的目的是广泛的:识别出这种分析的社会、历史范畴使用方式的理论主张和理论空白,提供另一种分析逻辑,更好地解释体裁与社会的复杂关系,或者更准确地说,是解释处于社会关系中的文本间的复杂关系。本内特认为,体裁社会学的问题出在文学与社会关系的界定上,它虽然没有否定文学的能动作用,但是将文学与社会分裂开来并在两者间确立了等级关系,即认为文学的社会性总是由社会推动产生的,文学的功能是恒定的——主体从文本结构中获得了对社会本质意义的理解,文学是对早已确定的社会关系的修正,对社会成员早已确定的主观性进行干预。本内特指出,文学是一个构成性场所,即为其他社会关系的操作提供条件,也为文学自身的操作提供条件。因此,体裁理论的任务不是去破译文学结构如何对社会生活进行反映,而是关注被界定出来的体裁中这些写作形式如何在社会生活中发挥作用;不是去揭示体裁通过那些决定它们的社会条件说出了什么,而是检验作为社会性代码的体裁本身做了什么。

综上所述,本内特对西方马克思主义文论的困境进行了深度剖析,揭露了他们对历史唯物主义基本原则的背离,在本内特看来,打着马克思主义旗号的西方马克思主义美学已经彻底背叛了马克思主义。他认为,西方马克思主义对自身与文学的关系过于自信,将文学视为一种可认知的客体。然而,只有在超验的、非历史的理论空间中，文学文本才有可能被如此构建。如果西方马克思主义坚持对文学文本表征的上述立场，不论在理论上还是政治上它都将是无效的，因为它将无法对文学文本与其他意识形态现象和更宽广的社会、政治进程之间的相互关系作出历史的、唯物主义的理论阐释，无法认识到对文学范畴的系统划分所具有的文化实践特殊性。因此，本内特不无偏激地提议：切断马克思主义文艺理论和哲学美学的联系，重新建构一种新的文学研究话语。正是在这种原因的激发下，本内特重新审视了俄国形式主义，并从中发现了建设新的马克思主义文艺理论的启示。

第二节　重估俄国形式主义的理论成就

俄国形式主义诞生于 20 世纪初，正如本内特所说："虽然俄国形式主义可以追溯到 1880 年代，但它作为一个可识别的批评思潮仅仅在 1917 年十月革命的前几年及其之后的约 10 年左右时间里。"[①]可以说，俄国形式主义是顺应俄国革命潮流、在革命精神的鼓舞下，对俄国传统文学批评的颠覆和超越。那期间，沙皇俄国在经历了日俄战争和一战的沉重打击后已是满目疮痍，在无产阶级革命的冲击下于 1917 年土崩瓦解，整个国家激荡着一股浓厚、热烈的革命气氛。政治上的除旧布新激励着学术研究上的挑战与突破。当此之时，俄国的文学理论先后被历史文化学派、心理学派和神话学派等把持，这些学派将文学作为认识论工具，而使之沦为社会学、历史学、心理学等学科的附庸，严重破坏了文学自身的独立地位。

1914 年，以罗曼·雅各布逊为首的几位莫斯科大学语文史系

① [英]托尼·本内特：《形式主义和马克思主义》，曾军等译，河南大学出版社 2011 年版，第 14 页。

大学生组成了“莫斯科语言学小组”，致力于语言学、格律学和民间文学的研究，向历史文化学派等传统理论流派发起挑战。同年，以什克洛夫斯基为首的彼得堡大学学生建立了“彼得堡小组”，讨论诗歌语言、节奏、韵律问题，该小组随后改为“诗歌语言研究会”(俄文简称“奥波亚兹”)。1916～1919 年，该研究会出版了自己的理论刊物《诗歌理论研究》文集，对历史文化学派、心理学派和神话学派等把文学作为反映历史手段和认识论工具的主张展开激烈批判。俄国形式主义作为一个具有统一学术主张和鲜明理论观点的文学研究流派登上历史舞台，其中什克洛夫斯基的小册子《艺术即方法》被看作俄国形式主义的纲领性宣言。伊格尔顿说过：“如果人们想为本世纪文学理论的重大变化确定一个开始的时间，最好是定在 1917 年，这一年，年轻的俄国形式主义者维克托・什克洛夫斯基发表了他的拓荒性论文《艺术即方法》。自那以后，特别是最近二十年来，文学理论取得了惊人的发展；文学、阅读和批评经历了深刻的变化。”[①]20 世纪 20 年代，俄国形式主义逐步形成了更加系统化的理论主张，表现出自觉的理论自省意识，其发展进入了全盛时期，成为俄国文艺理论界的颇具影响力的流派。

俄国形式主义的基本理论主张可作如下概括：尊重文学的自主性，将其作为具有独特语言和形式特性的存在本体，不承认文学本身之外还有别的根源；反对将文学看作隶属于经济学、社会学或哲学等其他学科的认知方式，重视文学本身的意义和价值；主张文学的发展是由其内部因素和规律决定的，对文学的评价只能依据文学本身的语言技巧和结构特征来进行。

俄国形式主义因为对俄国历史文化学派、心理学派和神话学派等的反驳而极力强调文学的自主性，更准确地说，是彻底割断了

① [英]特里・伊格尔顿：《当代西方文学理论》，王逢振译，中国社会科学出版社 1988 年版，第 12 页。

文学与历史社会的联系，将文学的自主性推向极端，这不能不与同时期崛起的马克思主义文艺理论产生严重冲突。19世纪末，普列汉诺夫等人在俄国将马克思主义原理与文学理论结合起来，将唯物主义历史观运用到文学研究中，对文学艺术的起源问题及文学与社会生活的关系进行了比较全面的论述。20世纪初，列宁提出了文学艺术的党性原则，主张文学要为劳动人民服务，要服从党的领导；十月革命后他又论述了文学艺术的反映论本质，认为文学艺术不是对艺术家灵魂的复述，而是对社会现实的反映和认识。20年代，卢那察尔斯基对列宁的文艺思想进行了系统阐释，对现实主义创作手法进行了区分，从而对社会主义现实主义创作原则的本质特征进行了详尽论述，他指出现实是一种发展，是一种对立物的不断斗争与运动，而社会主义现实主义作为一种创作手法，是一个广泛的纲领，不仅允许也要求艺术风格与艺术体裁的多样化。在几代马克思主义文艺理论工作者的努力下，马克思主义文艺理论向丰富化、系统化和纵深化迈进。

学术观点的差异使俄国形式主义与马克思主义文艺理论形成了尖锐的对立，双方进行了激烈的理论争鸣。什克洛夫斯基曾在《马步》中阐述反对马克思唯物主义文艺观的理由。他认为，如果日常生活和生产关系能影响艺术，那么情节就要被固定在与这种关系相适应的地方；如果艺术中沉积着等级和阶级的特征，那么俄罗斯关于贵族的故事就会与关于神父的故事相同；如果艺术中包含人种学特征，那么所有民族的故事就将毫无差别。由此，什克洛夫斯基得出结论：马克思主义文论观是错误的。而马克思主义文艺理论阵营也对俄国形式主义作出了严厉批判，批评形式主义切断了文学与社会的紧密联系。托洛茨基在《文学与革命》中指出，企图确定文学艺术独立于社会环境的理论是根本错误的，因为动力存在于经济和阶级矛盾中，文学艺术只给这些现象以表达；“文学用各种根植于遥远的过去和作为语言技巧的经验积累的方法和手法，表现着自己的时代和自己的阶级的思想、感情、情绪、观点和希望”①，彼列维尔泽夫在《形式主义者的“社会学方法”》一文中指出，形式主义者虽然号称自己是科学的，但他们的科学仅仅是去确定文学的特殊属性，而无视文学发展的根源，将文学作为独立于社会之外的因素。

如果说马克思主义和形式主义之间的对峙最初是纯粹的学术争鸣的话，那么20世纪20年代以后，随着苏联无产阶级革命政权的建立和马克思主义文艺理论获得政治话语权优势，马克思主义和形式主义之间的争论逐渐改变了性质，成为你死我活、势不两立的政治斗争。时任苏联第一任人民教育委员的卢那察尔斯基在《艺术科学中的形式主义》一文中从政治角度出发，将形式主义作为俄国资产阶级文艺思想的产物，认为表面上标榜“纯艺术”，实质上暗含有宣扬资产阶级意识形态、争夺知识分子的企图。随着《党的文艺政策》的出台、苏共作家协会的成立和苏联第一次作家代表大会的召开，苏联确定了把社会主义现实主义作为文艺创作的基本原则，实现了马克思主义文艺理论的一统天下，与马克思主义学说不符的团体纷纷解散。在这种情况下，俄国形式主义遭受重创：雅各布森离开俄国西迁至布拉格，继续从事形式主义研究，后来成为结构主义创始人；什克洛夫斯基和艾亨鲍姆继续留在国内，被迫对之前的学术活动进行反思。什克洛夫斯基先后发表了《第三工厂》《捍卫社会学方法》等文章，对形式主义进行批判。到30年代，以什克洛夫斯基《一个学术错误的纪念碑》的发表为标志，俄国形式主义结束了它的历史生命，也标志着苏联马克思主义彻底关闭了以平等、宽容的态度与形式主义进行对话的大门。

而即便在西方资本主义国家，马克思主义文艺理论与形式主

① ［苏］托洛茨基：《文学与革命》，刘文飞、王景生、季耶译，外国文学出版社1992年版，第167页。

义的隔阂和对峙同样严重，这不能不归因于西方马克思主义尤其是卢卡契的现实主义文学理论。正如本内特所说："正是卢卡契的文学理论和哲学假设对形式主义与马克思主义批评之间形成任何富有成效的对话的可能性构成了最大障碍。"①

构成障碍的原因有两个。首先，卢卡契的文学理论深受黑格尔美学思想影响，结果导致其在审美领域中对内容的推崇和对形式的贬低。在黑格尔看来，"艺术作品的感性物质形式仅仅是它们所包含和表达的哲学内容的外部的，或多或少偶然地表现"②。这一观点运用到马克思主义批评中，就是强调社会生活对文学作品内容的决定作用，而俄国形式主义所强调的文本语言特性和形式结构都被淡化了。正如卢卡契对托尔斯泰的评价一样——他认为托尔斯泰文学作品的伟大之处在于在其作品中所表现的对俄国农民的深切关怀和对俄国社会矛盾的深刻反映，虽然托尔斯泰也在人物性格、情节和场景设置、语言描写等方面表现出卓越才能，但这些只是作为艺术技巧、形式手法为内容服务的他认为——作品形式是表层的、次要的，内容才是深刻的、核心的。因此本内特指出，卢卡契所代表的西方马克思主义文艺理论在此期间表现出忽略不同类型之间的形式差异，而去追求其中所蕴含的哲学内涵的倾向。

其次，卢卡契的文学理论继续主张反映论。卢卡契把文学作品看作一种象征实践形式，是对现实的一种特殊反映方式。这种反映，不是对日常生活的机械复制和对生活细节的繁琐描写，而是按照事物的发展规律对表象之下的本质的客观反映。由此，卢卡

---

① [英]托尼 · 本内特：《形式主义和马克思主义》，曾军等译，河南大学出版社2011年版，第32页。

② [英]托尼 · 本内特：《形式主义和马克思主义》，曾军等译，河南大学出版社2011年版，第32页。

契对文学作品的评价就必然依据文本与现实世界的一致程度来进行。例如，他认为现实主义小说的成就要远远超过现代主义小说的成就，因为前者客观如实地反映了现实，而后者只是对现实的零散、片段甚至拼凑的表征，是对现实生活的个人化、主观化表现。而即便同为现实主义小说，托尔斯泰的成就之所以高于福楼拜、莫泊桑，是因为前者更深刻、全面地反映了社会生活，而后者只是对社会生活的表面化、机械化反映。因此，卢卡契的反映论文学观与形式主义主张依据文学作品的形式组织特性来评价的立场截然对立，从而进一步加剧了马克思主义文艺理论与俄国形式主义的对峙。

对于马克思主义文艺理论与俄国形式主义之间的这场较量，以及马克思主义文论最终挫败俄国形式主义的结局。本内特指出，这样导致的只是两败俱伤的后果：俄国形式主义的成就被完全抹杀了，而马克思主义文艺理论也失去了反观自身、充实自身的好机会。同时，马克思主义文艺理论的胜利很大程度上并非单纯依靠学术观点的征服力，而是依靠政治打压，这在苏联表现尤甚。他说："托洛茨基虽然没有完全不同情俄国形式主义，但他对他们所做工作的总体评价是明显偏离中心的。他犯了方法论上的谬误，对俄国形式主义的判断仅仅建立在什克洛夫斯基早先论战文字的基础上，而这些根本不是俄国形式主义的实际成就。"①

于是，在为俄国形式主义抱不平和走出西方马克思主义文艺理论困境的双重动因下，本内特"重访形式主义"，重新发掘和梳理了形式主义的理论地基，清理出形式主义诸多被忽略和被误解的理论成就。其实在西方文艺理论界，为俄国形式主义张目的声音并不缺乏，不过其注意力大都集中在形式主义对文学语言和形式

① ［英］托尼·本内特：《形式主义和马克思主义》，曾军等译，河南大学出版社2011年版，第23页。

技巧的探索方面,以及形式主义通过对文学自主性的强调而弥补了庸俗社会学将文学附庸化的缺陷方面,例如伊格尔顿曾指出:"这伙富于战斗性的、爱争论的批评家,否定在他们之前曾经影响文学批评的半神秘的象征主义理论,并且以一种实际的科学精神,把注意力转向文学原文本身的物质存在的现实。"[①]

但是本内特对俄国形式主义的肯定并不在上述方面,他从形式主义对文学研究对象的确立出发,通过对陌生化理论背后的深层历史逻辑分析,得出一个颠覆性的结论:形式主义并不像它们的名字显示的那样形式化、那样没有历史意识;恰恰相反,形式主义对历史有着不自觉的诉求,其理论地基中蕴含着对历史发展因素的考量,最为可贵的是,形式主义对机械的文本形而上学进行了坚决的反对。本内特的考察如下:

首先,形式主义确立了文学研究的对象,使文学成为一门独立自主的科学,正如本内特所言:"他们(即俄国形式主义)被统一在致力于文学研究的科学立足点上,以便使之成为使用其本身的方法和程序的自主性科学。"[②]在西方悠久的文论发展史中虽然不乏对文学研究的科学化追求,但本内特认为,只有到了俄国形式主义,才真正使文学研究成为一门严格意义上的科学。本内特十分赞同索绪尔的观点,科学的首要问题是确定研究对象,如果没有这一过程,"任何科学都是无法制定出自己的方法的"[③]。在科学中,

---

① [英]特里·伊格尔顿:《当代西方文学理论》,王逢振译,中国社会科学出版社1988年版,第17页。

② [英]托尼·本内特:《形式主义和马克思主义》,曾军等译,河南大学出版社2011年版,第15页。

③ [瑞士]费迪南德·德·索绪尔:《普通语言学教程》,高名凯译,商务印书馆1980年版,第2页。

"远不是对象在观点之前，人们将会说，是观点创造了对象"[①]。因此，确定界限清晰、内涵准确的研究对象是一门学科走向成熟的前提和关键。俄国形式主义将研究对象的确立作为自己的首要任务，并开宗明义地将这个研究对象锁定为"文学性"。雅克布森说："文学科学的对象不是文学，而是文学性，也就是使一部特定作品成为文学作品的东西。"[②]文学性通常被解释成陌生化，是指通过运用语言、结构、修辞手法、叙述手法等形式层面的技巧实现文本的更新，改变我们对现实世界的固有看法，延长我们的感受时间，刺激我们的感受知觉，从而使习以为常的现实世界成为值得重新关注的对象。本内特指出："形式主义者也许最持久地关注文学作品试图通过代码或其他惯例(通常是早期的文学形式)，使与现实相匹配的系统得到揭示或陌生化的正式机制。"[③]雅各布森的诗歌研究就是围绕语言的陌生化进行的。他将语言分成两种：日常语言和诗歌语言，日常语言的功能是交流和传递信息，以便于人们理解和接受为基本要求；而诗歌语言的功能则是通过各种形式技巧实现语言的新鲜性、奇异性，从而增强读者的审美体验，因此以陌生化为首要标准。他说："在诗歌话语里，语言的目的与方式的关系以及整体与部分的关系，总而言之，就是语言结构的规律和语言的创造性，比在日常语言里更容易引起人们的注意。"[④]

本内特并不是要肯定俄国形式主义将陌生化作为文学的研究对象是合理的，而是要说明，研究对象的明晰化和确定化，使得文

---

① [瑞士]费迪南德·德·索绪尔：《普通语言学教程》，高名凯译，商务印书馆1980年版，第5页。

② 刘万勇：《西方形式主义溯源》，昆仑出版社2006年版，第107页。

③ [英]托尼·本内特：《形式主义和马克思主义》，曾军等译，河南大学出版社2011年版，第18页。

④ [苏]茨维坦·托多罗夫：《俄苏形式主义文论选》，蔡鸿斌译，中国社会科学出版社1989年版，第1页。

学研究真正具备了科学性质，因为这不仅明晰了文学研究的范围，还有着更进一步的功能，“文学文本作为只是预先赋予批评的存在，并没有完全被文学批评的特殊对象所充实，而是被一些特殊方面所充实，正是这些方面使得文学文本能区别与非文学系列的文化形式”①。这些“特殊方面”正是指陌生化，它通过对现实生活中人们早已接受并内化于心的文化形式和意识形态的加工产生的，通过运用新的形式技巧、艺术手法实现旧内容的新面貌，使人产生新的感觉体验。由此，本内特发现形式主义的首要任务是寻找陌生化了的文本结构的组成密码，这些密码并非存在于某个单独的文本自身，而是隐藏在文学文本与非文学文本的对比关系中，就此而言，形式主义者的研究对象是差异性的关系网络而非特殊的个体存在，是抽象的而不是具象的。面对抽象的关系网络，形式主义者只有运用整体统筹的方法，追根溯源、条分缕析，将关系网络各连接点的变动情况进行梳理和还原，才能真正认清关系网络的当下存在，因此，本内特指出：“形式主义不得不去考虑那些从根本上讲是不可避免的历史因素。”②

基于此，本内特评价到，形式主义对文学性的强调不仅注重作品的内在形式属性，更注重其外部关系属性和功能属性。以什克洛夫斯基的《艺术即手法》为例，表面上看，什克洛夫斯基似乎在宣称艺术技巧和形式属性是艺术的第一要义，因为他明确说过：“艺术的目的是提供作为视觉而不是作为识别的事物的感觉；艺术的手法就是使事物奇特化的手法，是使形式变得模糊、增加感觉的困

① ［英］托尼 · 本内特：《形式主义和马克思主义》，曾军等译，河南大学出版社2011年版，第41页。

② ［英］托尼 · 本内特：《形式主义和马克思主义》，曾军等译，河南大学出版社2011年版，第41页。

难和时间的手法，因为艺术中的感觉行为本身就是目的，应该延长。"[①]但仔细研究后，本内特的看法截然相反，他认为在对艺术形式极端尊崇的表象之下，掩盖的是俄国形式主义者对文学作品外在关系属性的极度重视，他说："要研究文学性的现象，就必须研究一系列特定的文本之间的关系……由此，某一给定文本是否带有陌生化的特征并不依赖于其孤立的内在特性，而是依赖于它与其它文化和意识形态形式建立起来的属性关系。"[②]陌生化既作为文学作品形式上的陌生，也作为文学作品感知功能上的陌生，它并不是由作品的固有属性所决定，陌生还是熟悉，只能在系统关系的对比中体现出来。

就拿欧洲文艺复兴时期的文艺作品来说，如体现了民间狂欢文化的小说起先并不被认作文学作品，而是处于文学与非文学之间文学系统的边缘。而随着中世纪文学作品在读者心目中的熟悉化进而导致千篇一律化、陈词滥调化，民间小说作为一种新的艺术样式给人以耳目一新之感，它所体现的民间意识形态也对官方意识形态造成冲击，由此带来了文学的陌生化，并步入欧洲文坛正统。而什克洛夫斯基对托尔斯泰艺术成就的高度评价也来源于托尔斯泰艺术手法与传统艺术作品手法相比时体现出的新奇性。"列·托尔斯泰的作品中的奇特化手法，就是他不直呼事物的名称，而是描绘事物，仿佛他第一次见到这种事物一样；他对待每一事件都仿佛是第一次发生的事件。"[③]可见，不论是欧洲中世纪的民间艺术还是托尔斯泰的小说，其作为文学艺术的伟大成就都来

---

① [苏]茨维坦·托多罗夫：《俄苏形式主义文论选》，蔡鸿斌译，中国社会科学出版社1989年版，第65页。

② [英]托尼·本内特：《形式主义和马克思主义》，曾军等译，河南大学出版社2011年版，第41页。

③ [苏]茨维坦·托多罗夫：《俄苏形式主义文论选》，蔡鸿斌译，中国社会科学出版社1989年版，第66页。

源于和其他艺术体系或艺术作品的对比，旧的艺术衬托出新艺术形式的奇特与新鲜，从而使其具有陌生化的形式和功能，成为被俄国形式主义认可的艺术。

本内特对那些控告“形式主义者盲目推崇文学技巧”的看法也加以批驳，“因为，陌生化效应依靠的不是技巧本身而是对技巧的使用”[①]。俄国形式主义者充分意识到同一种技巧在不同的文本运用中产生的效果是不同的，例如对“比喻”这种修辞技巧来说，如果是运用在介绍知识的说明性文章中，所起到的作用是为读者更形象生动地描绘出对象，从而让读者更接近说明对象的实质；如果是运用在诗歌中，比喻的作用则是加强了审美特性，将读者习以为常的东西转化为新奇的、异于常规的东西，唤起读者更强烈的审美感受。正如艾亨鲍姆表明的：“艺术自身表明，其差异的特殊性并不是体现在去构建某个艺术品的原理上，而是简单地体现在构建其艺术本身的特殊用法中。”[②]

因此，本内特推断出，俄国形式主义所主张的文学性引起了读者感知的双重转变，一重是被表现出来的客观世界，另一重是对客观世界的表现方式。而无论是哪种情况，形式主义着眼的都不单纯是作品的内在形式，甚至不是文学文本，“他们的研究对象显然更抽象——虽然从本质上讲也更为具体——其研究的是文本间的关系系统”[③]。

在上述论述的基础上，本内特得出结论：俄国形式主义文论对历史有着不自觉的诉求，从而造成了对传统哲学美学以及西方马

① [英]托尼 · 本内特：《形式主义和马克思主义》，曾军等译，河南大学出版社 2011 年版，第 41 页。

② [英]托尼 · 本内特：《形式主义和马克思主义》，曾军等译，河南大学出版社 2011 年版，第 41 页。

③ [英]托尼 · 本内特：《形式主义和马克思主义》，曾军等译，河南大学出版社 2011 年版，第 43 页。

克思主义美学“文本形而上”的反叛。陌生化作为形式主义的核心观念,显示了一场基于形式而超越形式的游戏:由于陌生化是一个在关系对比中构建起的惯例标准,在历史发展中会发生变化,不断演绎由陌生变得熟悉、再呼唤新的陌生的规律,因此陌生化所标示的文学性就具有了历史维度。文学性不再被看作文本自身具有的某种不变属性的集合,具有超越社会、历史的形而上的永恒存在,而是被看作随着历史环境的变化而发生变化的文本之间的对比关系。正像本内特对此的概括:“一个文本作为文学的地位——其履行陌生化职能的能力——并不是在所有时间都被给定了的,而是依赖于在给定的文学系统中它与其他文本建立起来的关系本质……文学性没有存在于文本之中,而是存在于文本间的互文关系中;文学性不是文本所占有的某种本质,而是文本所履行的功能。”[①]如此一来,在某个历史阶段具有陌生化功能被认作文学的文本,在其他历史时期有可能因为成为陈词滥调而被认作非文学,同样地,那些先前被视为普通文本的作品,有可能在将来的某个历史阶段承担起创新功能,从而成为文学典范。

俄国形式主义对现实主义小说的发展评价就是这一理论观点的体现。他们认为,在19世纪,托尔斯泰等人的现实主义小说充分发挥了对传统浪漫主义小说的颠覆功能,实现了创作手法的革新,带给读者全新的阅读体验,是当时文学艺术潮流的同义词。但20世纪后半叶,尤其在法国结构主义等人看来,现实主义小说已变得平淡无奇,从文学中心滑向了文学边缘,甚至成为当代文学所反对的惯例。而卡夫卡等人创作的打破叙述手法、无视自然顺序、随意布置情节的先锋小说则摧毁了现实主义小说的主要准则,复新了文学性,成为真正的文学代表。

---

① [英]托尼·本内特:《形式主义和马克思主义》,曾军等译,河南大学出版社2011年版,第47页。

本内特认为，如此一来，形式主义消解了传统哲学美学以及受它影响的西方马克思主义美学对文学审美的超验关注，打破了对文本形而上的抽象规定，在文学研究中推进了历史因素，将文学看做富有变化的历史存在。然而，本内特也补充到，俄国形式主义对文本形而上的反驳还只是一些简单而粗略的事情，对文本功能和价值发生变化的真正动因并未作出深入的研究，因此形式主义者对于历史因素的运用还是不自觉的。

本内特虽然重新评价和肯定了俄国形式主义的理论成就，但他并未因此回避形式主义的理论缺陷和片面性，在本内特看来，这种缺陷是致命的，也是形式主义需要被马克思主义文艺理论加以整合和改造的根本原因：

首先，形式主义犯了还原论的错误。形式主义将文学研究还原为文学作品研究，又将文学作品研究还原为文学形式研究，最终将文学形式研究归结为文学语言研究。他们基于这样的理论基础：文学是一种语言艺术，文学问题的实质就是一个语言问题，科学化的文学研究必须建立在语言学基础上，用语言学方法和理论去解释文学作品、分析文学规律。正如雅各布森所说："确定两个不同的概念——言语和语言——并分析它们之间的关系，对于语言学来说是富有成果的。把这两个范畴运用到文学上并研究它们之间的关系，是需要深入探讨的问题。"[①]本内特认为，将文学研究还原为语言研究固然有助于我们认识文学的内在特性，但是形式主义者走向了另一个极端，即将文学研究等同于语言研究而排除了对其他因素的考量，"对语言的类比会带来对其所属的文化形式如诗歌和文学等的特征的否定，因为他们的研究被推回面向语言

---

① ［苏］茨维坦 · 托多罗夫：《俄苏形式主义文论选》，蔡鸿斌译，中国社会科学出版社 1989 年版，第 117 页。

的研究，并且依赖于语言的研究”[①]。这不仅放弃了对文学意义的追求，也割裂了文学与社会生活的密切联系，造成了文学研究范围和研究深度的萎缩。

其次，形式主义无法解释文学的发展进化问题。本内特认为，形式主义在研究方法上受到索绪尔共时性和历时性二元区分法的影响，片面注重对文学共时系统的分析。对索绪尔来说，共时与历时的划分使他能解决语言系统化特性的问题，但无法解决变化着的问题，因为他将语言看作一元论整体，看作“毫无差异的社会集体意识的宝库和具体化，只是形成了理想类型的言语者观念，并没有为不同等级的语言实践观念留下余地。变化的真正动机（冲突和差异）已从语言的心脏腹地被排除出去了”[②]。形式主义从索绪尔那里继承的方法论是一把双刃剑，因为共时系统与历时系统的划分具有无法克服的逻辑矛盾，一旦以这种方法为基础，就无法再将它们真正结合起来，这样一来，必然导致后继理论的致命缺陷：一方面，形式主义明确区分了文学的本体研究与起源研究，指出文学本体的特征不能通过起源研究获得，从而突出了文学的自主性；另一方面，文本间共时性的关系变化无法与历时性的时间变迁交融起来，使得形式主义完全不顾其他意识形态系列和社会经济的发展，企图在纯粹和封闭的文学系列内部揭示出形式发展的内部规律。对形式主义者来说，文学史发展的线索似乎是一条从形式到形式、从结构到结构的道路，绕过了文学之外的一切力量，以其不可动摇的内在必然性，从自身的一个阶段走向另一个阶段。不同阶段之间发展是跳跃性的，没有任何逻辑继承关系，正如什克洛

---

① [英]托尼·本内特：《形式主义和马克思主义》，曾军等译，河南大学出版社2011年版，第58页。

② [英]托尼·本内特：《形式主义和马克思主义》，曾军等译，河南大学出版社2011年版，第60页。

夫斯基指出的，不是从父亲传承到儿子，而是从祖父传承到孙子或者从叔父传承到侄子。本内特指出，艾亨鲍姆的一段话很值得注意："新的艺术形式的创造，不是一种发明，而是一种发现，因为这些形式潜藏于以前的阶段的形式之中。"[①]如此看来，形式主义的文学史只需要两到三种不同的流派就足够了，A 流派被 B 流派取代，B 流派被 C 流派取代，然后 C 流派又被 A 流派，循环往复，生生不息。这其中并没有任何新内容、新意义、新材料的出现，甚至任何新的文学形式也是不必要的，因为后继的文学流派相比之前的流派已经起到了文学更新的功能作用。因此，本内特指出，形式主义者们对文学发展和流派更替不能作出任何具有进化性质的解释，不能确定"文学发展路径的特殊方向和它的历史发展弧线"[②]问题。

俄国形式主义的理论缺陷已经被充分认识到并反复批判过了，然而其理论成就却被长久地忽视了，因此本内特呼吁马克思主义文艺理论工作者应该认真对待和充分阐释俄国形式主义，以更加开放和包容的胸怀实现与形式主义的平等对话。基于这样一种思考，本内特从对话视角审视了阿尔都塞的结构主义马克思主义和巴赫金的历史诗学，为我们研究阿尔都塞和巴赫金提供了一种新颖的方法路径。

第三节　建立马克思主义与形式主义的对话

本内特认为阿尔都塞和巴赫金既秉承了马克思主义的世界观

---

① ［苏］巴赫金：《周边集》，李辉凡、张捷等译，河北教育出版社 1998 年版，第 326 页。

② ［英］托尼 · 本内特：《形式主义和马克思主义》，曾军等译，河南大学出版社 2011 年版，第 51 页。

和方法论,又吸收了形式主义的理论资源,从而在某种程度上促进了马克思主义和形式主义的整合。不过,对于整合结果,本内特给出了不同的评价,阿尔都塞的文艺理论变成了另一种形式的理想主义文论,而巴赫金则为发展历史唯物主义文艺理论作出了真正的贡献。

作为哲学家,阿尔都塞的主要精力并不在文艺问题上,其和文艺直接相关的著作只有《皮科罗剧团,贝尔多拉西和布莱希特》《一封论艺术的信》和《抽象画家克勒莫尼尼》这三篇文章,但是他的理论对文艺研究产生了巨大而深远的影响,成为马克思主义文艺理论研究中的重要参照物。阿尔都塞在文艺理论上的重要性是从他的意识形态理论连带而来的,在他看来,马克思主义的意识形态理论还处于"描述性"阶段,是理论的起点而尚未成为理论本身,他说:"实际上,继《1844 年手稿》之后,《德意志意识形态》也的确为我们提供了一套明晰的意识形态理论,但……它却并不是马克思主义的。至于《资本论》,尽管它的确包含了许多理论的线索,讨论了各种意识形态(最明显的是庸俗经济学家的意识形态),但并没有包含关于这些意识形态的理论,因为这种理论在很大程度上有赖于提出一种关于意识形态一般的理论。"[①]因此,阿尔都塞建设了这种超越各种具体意识形态的"意识形态一般"的理论。概括而言,阿尔都塞的意识形态理论包括以下内涵:(1)意识形态没有历史,它无处不在,无时不在,具有永远不变的形式;(2)意识形态是个人与其实在生存条件的想象关系的表述,具有物质性的存在;(3)意识形态把个人传唤为主体,主体是构成所有意识形态的基本范畴。

本内特在阿尔都塞的意识形态概念里发现了马克思主义和形

① [法]阿尔都塞:《意识形态和意识形态国家机器》,载陈越:《哲学与政治——阿尔都塞读本》,吉林人民出版社 2003 年版,第 348 页。

式主义整合的痕迹，确切地说，是阿尔都塞运用俄国形式主义的后裔——结构主义理论方法对马克思主义意识形态观改造和发展的结果：一方面，阿尔都塞继续沿用马克思主义地形学的逻辑隐喻，承认意识形态的上层建筑属性；另一方面又受到了结构主义的浸染，赋予意识形态一种结构和功能，"以至于变成了一种非历史的现实，即在历史上无所不在的现实，也就是说，这种结构和功能是永远不变的"①。

对于阿尔都塞的整合效果，本内特做了辩证的分析，认为其中既有合理性因素，又有严重的缺陷。其合理性表现在两个方面：

首先，阿尔都塞坚持"意识形态的功能是为了保证生产关系的再生产"②，这既与马克思主义的观点一脉相承，又对其作出了新的发展。马克思和恩格斯认为，资本主义社会生产力持续发展的前提条件是资本主义生产关系的维持与巩固，即资本家与劳动力之间的稳定对处。在马克思和恩格斯看来，生产关系的维持主要依靠经济关系，即剩余价值从工人到资本的转移，这一过程在加大了工人对资本依赖的同时，也增强了资本对工人施加的社会控制力量，工人因此被固定在受剥削和压迫的阶级地位上。阿尔都塞则用意识形态进一步发展了马克思和恩格斯的观念，"对于阿尔都塞来说，这种工作是通过'意识形态国家机器'来实施的，如教育系统、媒体、家庭、教堂。它们与一般的国家权力机器——政府、军队有所区别，通过'意识形态发挥作用'。在这里阿尔都塞并不仅仅是指，这种国家机器在意识生产业务内部提供了组织和实施的场所，也不是简单地指，他们所关心的是产生一种可以降低主动威胁

① [法]阿尔都塞：《意识形态和意识形态国家机器》，载陈越：《哲学与政治——阿尔都塞读本》，吉林人民出版社2003年版，第351页。

② [法]阿尔都塞：《意识形态和意识形态国家机器》，载陈越：《哲学与政治——阿尔都塞读本》，吉林人民出版社2003年版，第94页。

需求,或自愿或被迫的承诺。他最主要的是想表达,运用意识形态发挥这些国家机器的功能在某种意义上也是一种生产的实践,它向稳定的结构发送信号,导致了这种结构承受了由它们的存在条件而产生的一种虚幻关系的动作"①。

其次,阿尔都塞坚持"意识形态就其本身而言是每一个社会总体的有机组成部分"②,本内特指出,这与马克思主义的唯物史观和社会发展整体观前后呼应,是对意识形态属性的正确判断和深入阐释。马克思将意识形态形象地比喻为上层建筑,它基于经济、政治并与之共同构成社会整体。阿尔都塞则将意识形态作为与经济、政治并列存在的三个密切相关的实践层面,并且不论资本主义社会还是社会主义社会,都需要有意识形态,即便在共产主义社会,"意识形态将继续通过'主体'的范畴运转,同时主体范畴所发挥的功能将继续调节个人,去适应他们在生产过程中所具有的社会地位"③。

但是本内特指出,阿尔都塞对于"结构"概念的不合理借鉴,又在很大程度上使他的意识形态理论失去了马克思主义唯物史观的基本主张:首先是他切断了意识形态与历史的联系,将历史替换为稳定的结构,认为意识形态可以超越历史获得永恒的形式。本内特指出,"由此,意识形态理论的首要任务是描述管理那些永恒的整体的意识形态而并非个别的意识形态的结构,它是一种永恒的预先被给予的结构,把所有不同的决定于历史的具体易见的意识形态实践的形式都变成圆形结构。这种稳定的结构的运转意味着

① [英]托尼·本内特:《形式主义和马克思主义》,曾军等译,河南大学出版社2011年版,第95页。

② [英]托尼·本内特:《形式主义和马克思主义》,曾军等译,河南大学出版社2011年版,第97页。

③ [英]托尼·本内特:《形式主义和马克思主义》,曾军等译,河南大学出版社2011年版,第97页。

个别意识形态的实践总是遵循着他们被分配到的将个体组织成为主体的功能"①。就此而言,在不同社会制度下的意识形态就失去了独特性,奴隶社会、封建社会、资本主义社会乃至共产主义社会的意识形态都具有了同一个结构,人类文明的发展似乎只是转了一个圆圈。

其次,阿尔都塞将意识形态作为一种与科学截然对立的错误、虚幻认识则是落入了唯心主义的窠臼。本内特指出:"(阿尔都塞的意识形态)依靠以主体为中心的结构运转,然后,这种意识形态在个人与其社会生存的实质条件的纯粹的想象关系的内部产生出来。由此,意识形态的结果是一种误识。"②科学则与意识形态相对立,作为理论性实践的产物,通过对意识形态的斗争,产生新的认识空间和概念,达成对世界的真实客观认识,发挥认识效应。但不幸的是,阿尔都塞的科学概念也同样浸润在结构主义的影响下,科学制度的结构作为一种预先形成的要素,已经存在于此并不可改变。这样的话,如何验证某种观念体系究竟是科学还是意识形态呢?马克思主义又怎样证明自身的科学性和真理性呢?

因此本内特总结到,阿尔都塞的意识形态理论体现了历史唯物主义与唯心主义之间的一种张力,"一方面,意识形态被看作是一种实践,是一种实在的物质的、强迫性的、生产过程的产物;另一方面,它的产物总是作为一种所有的意识形态都不可避免地符合稳定结构已经存在于那了"③。本内特批判到,这种张力"极大地

① [英]托尼·本内特:《形式主义和马克思主义》,曾军等译,河南大学出版社2011年版,第95页。

② [英]托尼·本内特:《形式主义和马克思主义》,曾军等译,河南大学出版社2011年版,第96页。

③ [英]托尼·本内特:《形式主义和马克思主义》,曾军等译,河南大学出版社2011年版,第97页。

减少了阿尔都塞所规定的意识形态范畴所能做的事”[①]。

阿尔都塞以意识形态为参照系而阐发的文艺理论同样具有这个矛盾。如果说意识形态概念是他运用结构主义方法对马克思主义意识形态的改造,那么文艺理论则更多的是他运用俄国形式主义对马克思主义文学观的改造。本内特将阿尔都塞文学观对俄国形式主义的借鉴概括为四点:第一,阿尔都塞效仿了俄国形式主义的研究方法和研究对象;第二,阿尔都塞关于文学对于意识形态的变形和疏离作用的论述效仿了俄国形式主义的陌生化观点;第三,“阿尔都塞派用来解剖文学文本正式运作的详细概念工具是密切的基于由形式主义发展起来的形式分析技术的,并且很明显是受其影响的”[②];第四,阿尔都塞的文艺研究理论轨迹效仿了俄国形式主义,即从文学出发,以关系的变革作为研究的中心,“这种关系被认为蕴含于文学文本本身,在组成它的不同层次的话语的互动中,它是可以被分析的”[③]。

阿尔都塞对于文学与意识形态的关系作了深入的探讨,认为文学既是一种意识形态生产,又不等同于意识形态本身,文学的特殊性在于通过意识形态的变形来同实在的意识形态保持距离。可以形象地说,文学是意识形态之母养育的逆子,它既在母体中产生,又对母体进行叛逆。艺术“所给予我们的,乃是它从中诞生出来、沉浸其中、作为艺术与之分离开来并且暗指着的那种意识形态”[④]。例如,在《抽象画家克勒莫尼尼》中,阿尔都塞对克勒莫尼

① [英]托尼·本内特:《形式主义和马克思主义》,曾军等译,河南大学出版社2011年版,第97页。

② [英]托尼·本内特:《形式主义和马克思主义》,曾军等译,河南大学出版社2011年版,第81页。

③ [英]托尼·本内特:《形式主义和马克思主义》,曾军等译,河南大学出版社2011年版,第107页。

④ 陆梅林:《西方马克思主义美学文选》,漓江出版社1988年版,第521页。

尼的作品进行了具体分析，他认为那些表现了被肢解的羊、尸体、奇怪的石头、可疑的植物的画作，并不是为了单纯的表现“物”，甚至不是时间、空间，而是表现“人”同他的“物”之间的真实关系，阿尔都塞说：“克勒莫尼尼‘画’了些什么呢？差异中的类似——通过‘画’这些类似的东西‘画’了差异”：人和牲畜，同我们的‘观念’——即占支配地位的意识形态——为它们规定的本性之间，隔有距离。”[①]也就是说，人和物之间的真实关系是以不在场的抽象形式传达给读者的，是经过了提炼和变形的，“正因为如此，克勒莫尼尼的人的面孔不是表现主义的，因为它们的特征不是丑陋，而是变形；它们的变形只是形态的一种确定的不在场，一种对它们的无个性特征的‘表现’，而正是这个无个性特征构成对人道主义意识形态的范畴的实际废弃”[②]。

本内特指出，正是在文学与意识形态关系的这种认识上，阿尔都塞彻底远离了马克思主义文艺理论的反映论主张，认为文学不再是对外部世界的镜像式反映和认识工具，而是体验外部世界的一种方式，这与俄国形式主义的陌生化主张如出一辙，两者都通过置于前景的方式将理性的辨认返还为感性的观看，从而吸引人们的注意力，延长人们的感受，更新人们对事物的感知和体验。本内特说：“两者都将文学的特质理论化为一种生成于认识论的转换的实践，无论如何，是被用来修正我们对这个社会的习惯性的看法的。文学作品，在两种情况下，都被认为影响了习惯性的认知形式，将其由内而外的崭露，展现了认知形式互相连接起来的过程。”[③]阿尔都塞对文学与意识形态关系的探索，揭露了文学与意

① 陆梅林：《西方马克思主义美学文选》，漓江出版社 1988 年版，第 529 页。

② 陆梅林：《西方马克思主义美学文选》，漓江出版社 1988 年版，第 534 页。

③ ［英］托尼 · 本内特：《形式主义和马克思主义》，曾军等译，河南大学出版社 2011 年版，第 107 页。

识形态之间的远非隶属性的复杂关系，对反映论统辖下的文学观进行了丰富和创新，这对马克思主义文艺研究大有助益。

不过，本内特的分析并未到此为止，在他看来，阿尔都塞对于俄国形式主义的借鉴和整合是个没有到位的工程，阿尔都塞并没有真正将俄国形式主义的历史逻辑纳入自己的理论体系中，从而导致了另一种乌托邦式的文学理论。就对文学陌生化的对象层次来说，由于俄国形式主义只是注意语言技巧等纯形式因素和文学规范，而阿尔都塞注意的则是深层次的意识形态问题，因此阿尔都塞的认识显然比俄国形式主义全面和深刻。但是就对文学存在方式而言，阿尔都塞的视野则远远狭隘于俄国形式主义，因为形式主义并没有赋予文本固定不变的形式特征。

正如前文已经分析过的，形式主义判断一个文本是否符合陌生化的要求，并不只是依靠这一个文本的自身属性，而是要将它放在前后不同的文本系统中进行比较，所以本内特说："以这种方式谈论文学，形式主义者所需的并不是一个具有本质的事物——固定和凝结了的一系列文本，这些文本的文学功能被形式特征永远定死。"[①]而阿尔都塞则将文学视为一种稳定的结构，具有不变的美学效应，不仅区别于意识形态效应和认识效应，而且表征着精神与现实世界之间的一种恒定模式。因此，阿尔都塞不仅失去了形式主义的历史发展维度，还沾染上资产阶级哲学的唯心主义色彩，与马克思主义唯物史观构成严重冲突。所以，本内特将阿尔都塞的文艺理论讥讽为"一种新理想主义"[②]，他说："如果要用一个不变的结构去定义'文学'……那么，从马克思主义唯物主义的观点

---

① [英]托尼·本内特：《形式主义和马克思主义》，曾军等译，河南大学出版社2011年版，第108页。

② [英]托尼·本内特：《形式主义和马克思主义》，曾军等译，河南大学出版社2011年版，第109页。

来看面临着这样一个矛盾：这种不变的结构是实践写作的产物，它不同于其他相互非常明显地参照具体的历史的和物质的因素构成他们作品的基础。这种如此一致的效果是如何由于多元化的'原因'引起的呢？很明显，能够回答这样的问题只要使唯心主义类别复活：建议在这样的文本表露出来的结构就是要将它作为恒久的实践范式的理想效力，通过它最终在不同的形式上实现价值。"[1]

综上所述，本内特既肯定了阿尔都塞在马克思主义与形式主义之间整合的成就，也严厉批评了阿尔都塞对马克思主义的背离和对形式主义的误读。概而言之，阿尔都塞的文艺理论为马克思主义和形式主义的对话作出了有益的探索，但并不能称之为成功的范例。相比而言，本内特给予巴赫金的历史诗学更高的评价，认为巴赫金才是真正超越了形式主义的缺陷，实现了马克思主义与形式主义有效对话的理论家。

许多研究者将巴赫金作为一个马克思主义文艺理论家来对待，其研究视角自然落在巴赫金的语言哲学上。例如英国文论家戴维 · 福加克斯在《马克思主义文学理论诸流派》这篇文章中，就将巴赫金作为马克思主义文学研究的一支重要力量，他认为马克思主义文学研究的其他流派因为对经济基础和上层建筑的过多关注而缺乏对语言的重视，巴赫金填补了这一空白，开创了马克思主义文学研究的"语言中心模式"[2]。

但是在本内特看来，虽然在客观上巴赫金为马克思主义文艺理论作出了巨大贡献，但在主观上他既不是马克思主义者，也不是形式主义者，他不属于这两个流派的任何一方而秉持一种客观的

---

① [英]托尼 · 本内特：《形式主义和马克思主义》，曾军等译，河南大学出版社2011年版，第109页。

② [英]安纳 · 杰弗森：《西方现代文学理论概述与比较》，陈昭全等译，湖南文艺出版社1986年版，第199页。

立场。正是由于这种立场的中立性,使得巴赫金能够洞察马克思主义和形式主义双方的优长和缺憾,使得他怀有一种包容的心态,正像巴赫金所言:“思想只有同他人别的思想发生重要的对话关系之后,才能开始自己的生活,亦即才能形成、发展、寻找和更新自己的语言表现形式,衍生新的思想。”①因此本内特认为,巴赫金不偏不倚,既站在马克思主义的立场上对俄国形式主义进行了深刻批判,又以形式主义的方法论对马克思主义文艺理论进行了探索和深化,建立了科学合理的语言观和历史化的文学观。也正是基于这种对话与沟通的视角,本内特探讨了巴赫金在促进马克思主义与形式主义交流整合中的理论贡献。

本内特将巴赫金语言哲学的基本内容概括为三点:(1)语言学的研究对象既不是语言也不是言语,而是语言运用方式;(2)语言意义来源于对话关系;(3)语言符号具有意识形态性。通过对这三点的逐层剖析,本内特阐明了巴赫金如何在马克思主义与形式主义之间进行语言理论的构建。

本内特说:“(巴赫金)强烈反对的正是索绪尔将语言指派为语言学特有对象的做法,”②因为如果将语言看作恒定的规则系统,必将使言说者处于消极遵守的地位,从而对言说者的态度和对语言运用的个体性、主动性施加暴力。对于巴赫金而言,“语言学的特有对象不是语言固定系统,而是构成它的规则在具体言说中被使用、纠正、调整的方式,这种方式完全由社会决定”③。因而,巴赫金关注的对象并非单纯的语言符号,而是符号之间的社会关系

① [苏]巴赫金:《诗学与访谈》,白春仁、顾亚玲等译,河北教育出版社1998年版,第114页。

② [英]托尼·本内特:《形式主义和马克思主义》,曾军等译,河南大学出版社2011年版,第63页。

③ [英]托尼·本内特:《形式主义和马克思主义》,曾军等译,河南大学出版社2011年版,第63页。

以及对符号的使用方式。

语言学研究对象的转变，必然使得巴赫金对语言意义来源的研究迥异于索绪尔的观点。本内特指出，对于索绪尔来说，语言意义生成于封闭的语言系统内部符号之间的相似性与差异性的关系。而对于巴赫金来说，语言意义来自于说话者与听话者的对话中，语言符号只有在具体言说中才具有真实具体的语言环境，而语言环境是决定语言符号意义的关键因素。“说话者和听话者——理解者的语言意识实际上是存在于生动的言语活动中，与语言规则一致的抽象的形式体系根本没有关系，而是在使用该语言形式可能出现的语境的综合意义上，与语言——言语密切相关。”[①]本内特指出，巴赫金对陀思妥耶夫斯基作品的分析是个很好的例证。陀思妥耶夫斯基笔下的人物不是自顾自地说话，必然是根据对话者或者想象中的对话者的反映来斟酌和选用词语，根据对话者的感受不断辨别和调节语音及语调，从而使他们的话语具有很大的语境制约性。对这样的语言，必须将其放置在具体言说者的对话关系中才能准确理解其意义。对话不仅仅是由具体的上下文语境制约，更是由言说者与倾听者的社会关系制约，对语言意义的理解不能脱离开社会环境。索绪尔的困难在于“他把内在于语言的规则系统与系统之外的任何实践分离开来了”[②]，这一做法从而成为被巴赫金批判的抽象客观主义。而巴赫金则把客观的语言符号与社会历史性联系起来，恢复了语言的社会功能。

本内特指出，将语言符号研究与意识形态结合起来是巴赫金语言哲学的逻辑内核。在巴赫金看来，意识形态不仅具有物质性

---

① [苏]巴赫金：《周边集》，李辉凡、张捷等译，河北教育出版社 1998 年版，第 416 页。

② [英]托尼·本内特：《形式主义和马克思主义》，曾军等译，河南大学出版社 2011 年版，第 64 页。

的存在，是现实的一个部分，除此之外，意识形态还反映和折射着另外一个在它之外存在着的现实。一切意识形态都表现着或代替着某个东西，因此，意识形态是符号，符号领域也就是意识形态领域。如此说来，语言符号必然具有意识形态性，而话语是一个特殊的意识形态现象。巴赫金说："我们所清楚的话语的所有特点——就是它的纯符号性、意识形态的普遍适应性、生活交际的参与性、成为内部话语的功能性，以及最终为任何一种意识形态行为的伴随现象的必然现存性——所有这一切使得话语成为意识形态科学的基本研究客体。"[①]因此本内特指出，巴赫金通过运用马克思主义社会学方法，把语言符号和意识形态联系起来，超越了索绪尔切断语言结构与语言之外的社会规定之间联系的抽象客观主义，"语言和所有意识形态形式本身都被认为拥有一种自律实体，并且给实体赋予一种反映了这些意识形态形式本身的系统组织化的意义"[②]，开创了语言学研究的新领域。

以对巴赫金语言哲学的分析为基础，本内特进而探究了巴赫金的文学理论对马克思主义和形式主义的整合，他指出，巴赫金的文学观既重视了文学本身的独特性，又是"历史范畴"[③]下的文学观。

马克思主义文艺理论强调从社会历史维度探究文学问题，分析文学现象背后的意识形态本质，而形式主义否定外在的社会历史文化和作者等诸多因素对文学意义的决定作用，主张探究文学的内部规律。正如巴赫金所言，马克思主义者承担着捍卫内容的

① ［苏］巴赫金：《周边集》，李辉凡、张捷等译，河北教育出版社 1998 年版，第 357 页。

② ［英］托尼·本内特：《形式主义和马克思主义》，曾军等译，河南大学出版社 2011 年版，第 67 页。

③ ［英］托尼·本内特：《形式主义和马克思主义》，曾军等译，河南大学出版社 2011 年版，第 68 页。

任务,“在捍卫内容免受形式主义损害的同时,却把这一工作不合理地同诗学结构本身对立起来……其次,马克思主义者却坚持要形式主义者相信,对文学起影响的是其外在的社会因素”①。形式主义者不否定外在因素的作用,但是他们“不能承认对文学起作用的外在的社会因素可以成为文学本身的内在因素,成为其内在发展的因素”②,正是在这个问题上,马克思主义与形式主义截然对立,而“本应对形式主义者发动实质性的进攻并在这场斗争中丰富自己的马克思主义批评,却在这个领域——鉴别问题和结构意义问题的领域里——避免与形式主义者交锋”③。

因此巴赫金的态度是,不论马克思主义还是形式主义,都将作为整体的文学生硬地划分成两个对立的、不相融的领域,从而陷入了理论困境:马克思主义的社会学方法成为庸俗机械的社会学,而形式主义则是非社会、非历史的结构诗学。巴赫金说:“每一种文学现象(如同任何意识形态现象一样),同时既是从外部也是从内部被决定的。从内部是由文学本身所决定;从外部是由社会生活的其他领域所决定。”④可见,巴赫金并不是孤立地、分离地看待文学的内外因素,而是以辩证的方法在总体的社会学规律中将内外因素统一起来,“任何影响文学的外在因素都会在文学中产生纯文学的影响,而且这种影响逐渐地变成文学的下一步发展的决定性的内在因素。而这一内在因素本身逐渐变成其他意识形态范围的

---

① [苏]巴赫金:《周边集》,李辉凡、张捷等译,河北教育出版社1998年版,第197页。

② [苏]巴赫金:《周边集》,李辉凡、张捷等译,河北教育出版社1998年版,第198页。

③ [苏]巴赫金:《周边集》,李辉凡、张捷等译,河北教育出版社1998年版,第197页。

④ [苏]巴赫金:《周边集》,李辉凡、张捷等译,河北教育出版社1998年版,第145页。

外在因素,这些意识形态范围将用自己的内部语言对它作出反应;这一反应本身又将变成文学的外在因素"[①]。由此,马克思主义对社会历史等外部因素的强调和形式主义对文学形式属性等内部因素的强调就被有机统一起来了,双方不是敌对关系,而是交汇在一起,文学就是在这种交汇统一中成为一个独特的精神文化现象。

本内特在对巴赫金理论建构的对话因素进行分析之后,转而剖析巴赫金在具体文学批评实践中对马克思主义和形式主义的综合。在此,本内特指的是巴赫金对拉伯雷作品的研究。巴赫金将拉伯雷的著作定性为怪诞现实主义,是民间狂欢文化的镜像,其艺术价值在于对中世纪官方文学的祛魅和复新。本内特认为,巴赫金的复新概念正是借鉴了俄国形式主义的陌生化概念,然而巴赫金又与形式主义不尽相同:陌生化只是艺术技巧和形式的更新,指涉文学本身;而复新则是针对文学作品的意义及意识形态,"是一套新的历史生产的社会文化关系的产品"[②]。由此而言,拉伯雷的作品体现的狂欢意识形态,"与官方意识形态的关系成了一套在形式策略上的组合,从而不仅戏仿与颠倒了意识形态,而且也刺透了它,使其祛魅,使民众在内心与其保持距离"[③]。因此可以说,巴赫金用马克思主义的历史观和意识形态观为基础,选择性地转化了俄国形式主义的分析技巧,创新了文学批评的模式。

正是在这一点上,本内特将巴赫金和阿尔都塞做了比较,他们同样强调文学与意识形态之间的复杂对处关系,但阿尔都塞将意识形态抽象为固定的结构,而巴赫金却赋予意识形态发展的向量,

---

① [苏]巴赫金:《周边集》,李辉凡、张捷等译,河北教育出版社 1998 年版,第 146 页。

② [英]托尼·本内特:《形式主义和马克思主义》,曾军等译,河南大学出版社 2011 年版,第 74 页。

③ [英]托尼·本内特:《形式主义和马克思主义》,曾军等译,河南大学出版社 2011 年版,第 70 页。

体现出了更自觉的历史意识。因此,巴赫金比阿尔都塞更正确地贯彻了马克思主义的基本原则。同时,在对文学作品价值的评判上,巴赫金的观点也具有浓郁而丰盈的历史意味,因为巴赫金既领会到形式主义的真谛,认识到“特定的文学文本的功能与效用可能随着它在不同的文学体系中所占据的位置而相应变化”①,又超越了形式主义的短板,“他是以具体的意义而不是抽象意义理解的。拉伯雷作品的这种影响没有被看成是永不变化的,而是被看成一种与实际的历史具体化有关的问题”②。因此,本内特的结论是,巴赫金在马克思主义与形式主义之间的对话远比阿尔都塞富有成效,马克思主义文艺理论的发展需要更多地回顾巴赫金的历史诗学并从中汲取经验。

总而言之,本内特虽然努力构建马克思主义与形式主义的对话和交流,为马克思主义文学理论的发展寻找更丰富的理论资源,但是他认为,鉴于形式主义本身的严重缺陷,以形式主义补充和纠偏马克思主义只能达到有限的效力,远不能解决马克思主义文学理论尤其是西方马克思主义美学中出现的深层次矛盾和问题。要彻底解决这些问题,只能以向“后”转的方式进行。

---

① [英]托尼·本内特:《形式主义和马克思主义》,曾军等译,河南大学出版社2011年版,第76页。

② [英]托尼·本内特:《形式主义和马克思主义》,曾军等译,河南大学出版社2011年版,第76页。

第三章　从本质到反本质:建构后马克思主义文学理论

第一节　转向后马克思主义

后马克思主义是指 20 世纪下半叶在西方发达资本主义国家产生的一支独具特色的马克思主义理论流派,是经由匈牙利哲学家迈克尔·波兰尼、加拿大民主理论家麦克弗森、美国社会学家丹尼尔·贝尔、法国社会学家阿兰·图雷纳和美国学者琼·柯亨的开拓积累,最后由拉克劳和莫菲汇聚深化的系统性理论规划,对传统马克思主义的观点、范畴和方法论都进行了大幅度的颠覆和突破。

本内特之所以要转向后马克思主义,在此理论视域下寻求文学艺术及社会发展的真理,基于三方面的原因:首先,马克思主义作为认识和把握世界的科学认识,本身具有理论自省和理论修正的要求;其次,西方国家社会历史的发展现状为后马克思主义学说的提出提供了合理的外部条件;最后,后马克思主义之于后现代的文化语境具有明显的理论阐释效力。

马克思主义从来不是一套固定的理论或学说,也不能被凝定为任何的观念、主张乃至方法，它随着社会历史的不断发展和现实情境的不断变化，“既经历着意义重大的复兴，又经历着一种理论发展上的开放和自我调整的过程”[①]。本内特始终以发展变化的眼光看待马克思主义，不赞同卢卡契用“辩证法”作为“正统”与否的判断标准从而将马克思主义的发展路径预先规划好的做法。他指出，马克思主义从诞生之日起就是不可限定的，具有不断生成的潜质，总是根据历史发展不断产生新的问题视域和理论路径，“马克思主义永远都不会为未来发展规划好方向，也不能预料未来的理论成果。作为一种历史化的理论和实践模式，马克思主义是对历史变化的话语阐释和对权力斗争的政治介入，具有推动社会前进的力量”[②]。根据历史形势主动调整和超越自身，是马克思主义的可贵理论品质，也是一代又一代马克思主义者的工作宗旨。

20 世纪 50 年代以后，西方发达资本主义国家在相当长的历史时期内保持了经济的飞速发展和社会秩序的稳定。首先，信息技术的日新月异带来知识经济的高速发展，而知识、资本、技术、人才的跨国流动又促进了区域经济的一体化和国际格局的多极化，资本主义对经济危机的防范力和化解力不断提高。其次，社会结构深刻变革，各阶层利益有很大调整：教育的广泛普及以及劳动分工的科学化、精细化使中产阶级的规模日趋壮大并成为社会主要阶层，无产阶级逐渐式微，阶级分布和阶级对抗呈现出新的性质。权力争斗日益走向微观化、多样性，各种社会运动风起云涌：女性运动、种族运动、性解放运动、同性恋运动以及反恐战争和反战运动等等，强化了后现代社会的政治多元性和差异性。各个国家普

---

① [英]雷蒙 · 威廉斯：《马克思主义与文学》，王尔勃、周莉译，河南大学出版社 2008 年版，第 1 页。

② Tony Bennett, *Outside Literature*, London and New York: Routledge, 1990, p. 16.

遍采用温和的民粹主义政治统治,保守主义呼声日高,主要资本主义国家进入繁荣发展的黄金时期。

与资本主义社会蓬勃发展形成对比的是社会主义运动的挫折,"现实社会主义的经历,捷克斯洛伐克和阿富汗,毛主义幻想的破灭,柬埔寨以及越南胜利的酸楚余殃,欧洲共产主义希望的萎缩,这一切使得新社会运动在其出现之时,便天生地带有对于传统的劳工与社会主义运动改造的主义因素的不信任,带有一种在滋长着的对于工人阶级成为剧烈社会改造的主要因素的不信任,以及随之而来的马克思主义的危机"①。在这种社会背景下,传统马克思主义的政治经济规划、宏大革命目标都变得不那么有吸引力了,"过去的明显的真理——分析的古典形式和政治预测、冲突力量的性质、左派斗争的意义和目标——都因劈裂如此之真理之基础的那些历史变动的突然崩临而受到严重挑战"②。包括本内特在内的左派知识分子一度充满迷茫,而后他们开始调整思路,对社会主义进行重新检思,对社会冲突的扩展和政治主体的重建进行另一角度的阐释,他们的理论探索促使了后马克思主义思潮的产生。

后马克思主义是以对传统马克思主义的深度否定吹响集结号的。首先,否定马克思主义的本质观,这些本质观主要包括三方面内容:唯物主义辩证法、经济决定论和阶级还原论。后马克思主义认为,本质主义是马克思主义的致命缺陷,使马克思主义在社会观上陷入了客观性、总体化的理论取向,它坚持有一个普遍的政治主体和明确的政治斗争空间,却无法解释当今权力斗争分散化的问题;在历史观上使马克思主义陷入了决定论、目的论的理论主张,它认为历史发展有客观规律可循,但难以解释社会主义运动式微

① 周凡:《后马克思主义导论》,中央编译出版社 2010 年版,第 6 页。
② 周凡:《后马克思主义导论》,中央编译出版社 2010 年版,第 7 页。

而资本主义却更加繁荣的原因。其次,后马克思主义否定马克思主义的民主革命观,认为"不是社会主义革命包括民主革命,相反,是民主革命包括社会主义革命,社会主义革命是民主革命的一个组成部分"[①]。

如果说上述种种是后马克思主义对马克思主义的"破",是本内特等人对于马克思主义宏大社会主题的辨析,那么后马克思主义对马克思主义的"立"则是通过更加具体的方式进行的,也正是在这种新的具体建构中,本内特深深认同后马克思主义对当代资本主义社会后文化语境的解释效力。具体而言,包括以下几个方面:

第一,对解构主义等方法的容纳和吸收。本内特认为,后马克思主义批判地运用了滋生于后现代语境中的语言学、符号学、结构理论和解构理论,不是以居高临下的姿态将这些理论成果吸收进马克思主义框架中,而是以平等、开放和尊重的态度借鉴它们设置问题和研究问题的方法,从而突破了马克思主义的本质主义苑囿,超越了马克思主义的社会主义革命策略。

以解构主义为例,在传统马克思主义理论中,"解构主义往往被看成一种与马克思主义敌对的理论,对马克思主义的预设前提和理论程序构成了挑战,对马克思主义的真理、现实、意义和知识的观念深刻质疑,因为在解构主义视野下,这些观念都建立在毫无怀疑精神的反映论语言理论上"[②]。不可否认,解构主义推翻了马克思主义的形而上的意义概念和对宏大历史的认知,摧毁了马克思主义为我们提供的认识论、伦理学、历史学的超越个人极限和约

---

① 付文忠:《新社会运动与国外马克思主义思潮:后马克思主义研究》,山东大学出版社 2009 年版,第 6 页。

② Tony Bennett, "Texts in History: The Determinations of Readings and Their Texts," *Journal of the Midwest Modern Language Association*, Vol. 18. No1. (spring: 1985), p. 2.

束的确定保证。然而本内特强调，解构主义带给马克思主义的绝不仅只有消极影响，更有积极的、生产性的理论图示："通过对解构主义理论元素的批评性借鉴，马克思主义能够更好地重塑自己的问题和目标，保证在当下社会条件中的理论合理性，同时为自身敞开更广阔的政治空间。解构主义对马克思主义的'修正'，有助于马克思主义重新思考它与政治实践的关系，更有效地实现政治干预。"[①]解构主义使马克思主义批判性地修正了自身那些经济的、科学的、历史的概念，去除掉继承自19世纪哲学、历史以及意识形态理论中的绝对确定性、本质主义的真理和超验性保障，避免了因为它们的滋生所导致的马克思主义在当今时代政治效用的削弱。

第二，话语接合表述。在后马克思主义者看来，社会关系是话语关系，而话语关系很大程度上是意义关系，取决于全部意指结构的可区别性，因此具有一定程度的流动性和模糊性。如此一来，"社会"这一概念就不再能作为给知识的积累和系统化提供一个观念上确定性的客体。后马克思主义者否认任何对话语实践和非话语实践的区别，否认作为一个缝合的和自我确定的整体的'社会'概念。这也就意味着，确定一个统一的原则——如传统马克思主义中生产方式的概念——从而能够为作为一种理性秩序的社会观念提供一个构建中心并揭示它的本质，就是不可能的了。在话语理论下，社会并非一个统一整体，并非每一个部分都能在一个明确固定的位置上，既对整体产生影响又对相邻的部分发挥作用。相反，话语理论将社会领域设想为一个分散的差异性网络，各部分处于不断变化的接合表述中。

马克思主义作为理论科学，也是一种话语建构，并不具有任何

① Tony Bennett, "Texts in History: The Determinations of Readings and Their Texts", *Journal of the Midwest Modern Language Association*, Vol18. No1. (spring: 1985), p2.

超越其他话语的认识论优先性。任何将马克思主义看作元语言的做法都是一厢情愿的,因为没有这样一种语言"它可以宣称具有一种绝对的或者超验的合法性,从而能把其他的语言、话语或者文本'固定'为在它之中的对象,同时,它也不能抹去在它内部的书写或言说的痕迹"①。正是在这种意义上,本内特消解了马克思主义"不可逾越"的历史地位,用更加客观的态度去评价和发展马克思主义。

第三,意识形态是一种社会实践,具有自主决定地位。经典马克思主义将世界划分成存在与意识两个领域,认为存在优先于意识并决定意识,意识是对存在的反映。存在和意识常用另一个隐喻来指代,即经济基础与上层建筑,经济基础决定上层建筑,上层建筑随着经济基础的变化发生或快或慢的变革。本内特反对经济基础与上层建筑的区分方法,反对将意识形态降低到从属性地位,他认为并非所有的社会矛盾及发展动力都可以在经济问题中找到答案,作为观念系统的意识形态同样能对社会变革产生直接影响,因为"意识从一开始就应当被看做是人类物质社会过程的组成部分,因而它以思想观念的方式造就的产品也像物质产品一样,都是这一过程的组成部分"②。意识形态并非被经济基础所决定,而是本身作为一种物质实践,与经济基础处于同一基准线上。因此,意识形态具有对自身的决定性。

第四,权力斗争向日常生活扩散。本内特认为,传统马克思主义的阶级斗争理论已不能很好地解释当下政治斗争的复杂状况。在福柯微观权力说的影响下,本内特废除了阶级作为普遍主体的

---

① [英]托尼 · 本内特:《文化与社会》,王杰、强东红等译,广西师范大学出版社2007年版,第131页。

② [英]雷蒙 · 威廉斯:《马克思主义与文学》,王尔勃、周莉译,河南大学出版社2008年版,第65页。

认识论优势,认为社会并不存在一个统一的权力集团,该集团由统治阶级组成并对被统治阶级行使权力。实际情况是,权力无处不在,每一个体都是权力主体,因此权力斗争被分散到所有社会成员中,在家庭之间、朋友之间、师生之间、同事之间等各种社会关系中展开。每一个体在不同社会关系中处于权力斗争的不同位置,有时是被压迫者,但有时可能成为压迫者。权力斗争也不再局限于生产场所或政治领域中,日常生活也成为斗争的所在——学校、家庭、文化机构、大众消费市场等等,权力斗争在琐碎平凡的大众生活和大众文化中继续不可调和的冲突。由此,本内特彻底放弃了马克思主义的激进革命信念,持一种更加温和的改革态度,认为知识分子应该站在正确的政治立场上,积极地参与到日常文化的批判和实践中来。

后马克思主义的理论主张对传统马克思主义进行了全方位的挑战,但就两者的关系而言,本内特一再申明,后马克思主义不是反马克思主义,而是对马克思主义更具约束性的运用。例如,后马克思主义依然保留和运用马克思主义的关键概念和分析图谱,"意识形态""生产方式""发展阶段""矛盾""辩证法""唯物主义"等术语依然是后马克思主义分析社会状况、阐释社会理想不可缺少的理论工具。就"意识形态"而言,它不仅是马克思主义的核心范畴,也是后马克思主义的理论焦点,而且很多语境中承袭了马克思主义对它的规定:一种观念系统的组织,它们的社会操作方式只有通过对与主导社会阶级的关系的分析才能获得。"从这个意义上说,后马克思主义试图构建一个完全相异于马克思主义的概念空间的努力并未成功,反而彰显了马克思主义置之死地而后生的理论生长品质。"①

① Tony Bennett, *Outside Literature*, London and New York:Routledge, 1990, p.16.

不过,本内特指出,这并不意味着后马克思主义应该被看作马克思主义的合格继承人,能够为解释马克思主义与社会历史的关系提供一种补充性说明,因为后马克思主义在沿用马克思主义概念的同时,更对这些概念进行了功能的置换。他说:"后马克思主义是一种混杂的理论和政治立场的集合,一方面表现出对马克思主义思想的明显突破,另一方面受到马克思主义传统的影响。概括地说,后马克思主义构成了一种理论构型,既探索自己的理论发展路径,又受到马克思主义强大引力的影响并最终描绘了一条紧靠它又批评它的道路。"①

第二节 作为话语表意实践的文学

作为一个文艺理论家,本内特在后马克思主义视域下,通过对解构主义和话语接合表述理论的批判性转换,拆解了西方马克思主义对文学的认知,重新界定了马克思主义文学理论的问题域和研究对象。在本内特看来,文学并不是某种固定的书写形式,不能够抽象出共同的形式特征和本质属性,超越历史获得普遍性存在,因此文学不应该被束缚在任何定义中,正像雷蒙·威廉斯所言:"由于文学同它所主动体现出的许多实践活动有着种种关联,所以它不能被限定在任何一种绝对化的定义中。"②但是,本内特并不否认"文学"这一术语存在的必要性和重要价值,因为"文学不光指一些具体的文本,它更是与文学批评话语相并列的一个中心概念,

① Tony Bennett, *Outside Literature*, London and New York:Routledge, 1990, p. 16.

② [英]雷蒙·威廉斯:《马克思主义与文学》,王尔勃、周莉译,河南大学出版社2008年版,第170页。

为阐发写作领域中差异和相似关系提供一个参照点"[①]。从这个意义上说,文学需要一个策略性的界定,以便厘清写作领域的复杂关系。因此本内特给文学拟就一个策略性的定义:文学是特殊的话语表意实践,是社会物质实践的组成部分。具体说来,这一含义包括以下内容:

首先,文学是特定制度下的话语接合表述。文学作为一门语言艺术,其意义的生成是话语接合表述的结果,文本符号固然可以凝定,但符号背后的意义却不是一成不变的,在话语与话语的不同链接中,意义被不断地商谈、更新和重构。如果说,莎士比亚的《哈姆雷特》在17世纪被看作是人文主义话语的表达,体现的是对生命、生存等终极意义的深刻思索,那么到了19世纪,《哈姆雷特》则更多地被看作资产阶级个人主义的话语展现,体现的是对个体价值的尊重和认可。话语的接合不是偶然和任意的,而是受特定历史语境和话语制度的限定、规约,是对一系列社会过程的指称和表现。"文学这个术语,可用于指称特定社会组织的表征空间,其独特性在于选定文本被付诸使用和运用的制度话语的调节形式。"[②]因此,不同的历史话语制度下,文学会表现出不同的体裁形式,正如古典时期主流的文学体裁是戏剧与诗歌,而18世纪之后主流的文学体裁则是小说。

其次,文学是社会生产实践。由于强调社会构成的话语性,本内特否定了社会结构的深度模式,主张所有社会实践在其构成上都同时是制度的和话语的。文学作为话语结合表述的产物,也是社会实践的组成部分,是"一系列社会现实和社会手段,在同一层

① [英]马尔赫恩编:《当代马克思主义文学批评》,刘象愚等译,北京大学出版社2002年版,第203页。

② [英]托尼·本内特:《文化与社会》,王杰、强东红等译,广西师范大学出版社2007年版,第44页。

面与其它社会实践领域相互影响"[①]。如此说来,文学不仅关涉上层建筑和意识形态,也关涉物质基础和生产力发展,它同经济领域的各项生产活动一样,对社会具有构建性功能和基础性地位。如果说语言符号是文学实践的材料和工具,那么文本则是文学实践得以展开的场所,它们共同组成了文学既恒定持久又发展变化的实践要素。

在此开放性的文学观念下,本内特指出,马克思主义应该将通俗文学纳入研究领域。在西方马克思主义那里,通俗文学向来被排斥于文学范畴之外,"卢卡契的批评注意力决不越过'世界历史性'的囿限,只是莫名其妙的、基本上不得要领地草草抽打一下西方堕落的'大众文化'……戈德曼提出:世界观分析只能用于伟大作品,因为只有伟大作品才包含或表达世界观……阿尔都塞设定了未经论证的'真正的艺术'与'一般或平庸的作品'的差别,但是对后者完全忽略不论"[②]。通俗文学之所以等同于非文学,是因为西方马克思主义者通常将通俗文学作为意识形态的合谋,认为其是对意识形态的公式化复制,有利于对大众的欺骗和操控。正如罗吉 · 布罗姆利所说:"通俗文学是意识形态在资本主义条件下(或通过意识形态的中介)采取的许多物质形式之一,是通过写作媒介而进行的意识形态生产的一个实例。"[③]

本内特批判到,这种区分包含了逻辑上的矛盾,因为在一种话语实践领域中,形式和审美属性被作为区别意识形态的有效手段,而在另一种话语实践领域中,形式和审美属性却失去了效用。凡

① [英]托尼 · 本内特:《文化与社会》,王杰、强东红等译,广西师范大学出版社 2007 年版,第 44 页。

② [英]马尔赫恩:《当代马克思主义文学批评》,刘象愚、陈永国译,北京大学出版社 2002 年版,第 205 页。

③ [英]马尔赫恩编:《当代马克思主义文学批评》,刘象愚、陈永国译,北京大学出版社 2002 年版,第 216 页。

是采用虚构手法的话语实践,“必定以这样那样的方式包含着特定意识形态话语的生产,只要通俗文学概念仍然是一个有用的区别性术语,就不能把它简单等同于意识形态话语”①。同时,西方马克思主义对经典文本的研究只关注该文本的创作特性,而忽视了该文本筛选和复制的批评和制度化过程,忽视了“文学概念所表明的应该如何看待创作领域之内部组织的历史相对性”②,从而使社会化的文学生产脱离了历史语境,获得了超验化、非历史化的存在,成为片面的唯物主义或疲软的唯物主义。“对通俗文学的忽视不光是马克思主义批评本身的遗憾,也不光是政治的遗憾,而且表明对马克思主义的批判工程的错误理解,结果损害了构想和进行经典化文本研究的方式”③。

在阐明了文学的话语实践性质之后,本内特将文学体裁看作是一种规范文学生产实践的机制。在《哲学分析》中维特根斯坦曾对“游戏”现象进行了分析,指出所有的游戏种类——从球类游戏、纸牌游戏到奥林匹克游戏等等——并没有任何的共同点,有的只是各种游戏之间的相似性网络关系,如某两者可能完全相似,而另外两者则可能只是细节的相似。受到维特根斯坦的启发,本内特认为体裁正如游戏一样,彼此之间没有共同的特征,有的只是内部成员间的相似关系。

本内特指出,文类学家阿里斯泰尔·福勒的观点有可资借鉴之处。在福勒看来,不能为体裁下一个本质主义的定义,“体裁下辖的作品应该被视为组成了一个大家庭,成员之间因为各种具体

---

① [英]马尔赫恩编:《当代马克思主义文学批评》,刘象愚等译,北京大学出版社2002年版,第217页。

② [英]马尔赫恩:《当代马克思主义文学批评》,刘象愚等译,北京大学出版社2002年版,第207页。

③ [英]马尔赫恩:《当代马克思主义文学批评》,刘象愚等译,北京大学出版社2002年版,第204页。

关系联系起来，但各成员间并不具有共享的特征”[①]。以侦探小说为例，许多文论家将“解码”作为侦探小说的本质特征，认为只有以解码过程吸引读者的小说才是侦探小说。福勒指出，有些小说并不以解码为主，却依然被认作侦探小说，如艾伦·坡的《失窃的信》；有些小说十分注重解码，却并不被认作侦探小说，如狄更斯的《小杜丽》。因此，福勒认为同一体裁中的作品并没有明确的共同特征，这些作品只是组成了一个具有相似性的同盟结构，在其中，A与B有相似性，B与C有相似性，A与C也就有了相似性。福勒拒绝对体裁进行生物学分类，建议将体裁看作是写作领域中相似性和差异性关系的松散组织。对福勒的这种体裁观，本内特评论道，福勒在拥有了部分真理之后又走向了谬误，因为体裁的划分取决于那些把这一体裁与其他体裁区别开来的差异功能，而如果体裁没有预先确定的界限，人们将无法判定何谓差异性，何谓相似性，也就无法实现两者的比较。福勒自己也承认说，体裁文化地限制着自己的存在，因为体裁系统中的文化因素、历史因素变动不均，不同社会中，体裁划分的操作标准是不同的。在英国，侦探小说与间谍小说是两种体裁，而在美国，它们却属于同一种体裁。

安妮·弗雷德曼的观点与福勒不同，她认为体裁理论的焦点应在于阅读实践中可操作的体裁划分所发挥的功能。体裁作为变化着的社会、历史的构建，是由互文性决定的、暂时性存在的。作为文本系统中相似性和差异性相互关系的组织产物，体裁是相对的而不是被内在决定的，因此体裁的划分并非一成不变，而是随着互文领域的变化而变化。本内特认为，弗雷德曼的观点具有不可忽视的价值：“一是证明了传统体裁社会学对体裁实行生物学分类

---

① Fowler Alistair, *Kinds of Literature: An Introduction to the Theory of Genres and Modes*, Oxford: Clarendon Press, 1982, p. 41.

的错误性，二是证明文本的体裁归属是不断变化的。"[①]但本内特也指出了弗雷德曼理论上的深刻弊病，即对体裁概念的解构导致对文学史和意义确定性的解构。体裁没有明确的界定，只能在无止境的差异游戏中获得，体裁暂时的固定性被解释成使无止境游戏暂停的文化任意性，于是通过体裁，对文本的解构变成了对普遍文学史的解构，这是本内特反对的。他主张体裁界定固然有理论上的不稳定性，但要因此认为体裁范畴的社会功能也不确定就是错误的。就像巴赫金的小说理论，虽然也体现出对小说这种体裁界定的不稳定性，但小说体裁作为现代文化现象，是文学体裁进步的必然结果，而不是意义的差异造成的后果，意义的差异决不能用来分析意指运用的方式和功能。

本内特指出，对体裁的划分不应根据文学作品内部的、固有的形式因素，也不应根据相似性和差异性的相对建构，而应根据社会情境和那些规范着写作、阅读实践的技术规则，它们将体裁界定为受社会制约的机制，为文本使用和功能运行提供导向。这将不再把体裁理解为特定的文本形式或暂时性的意义节点，而是将其理解成互文性建构的，在文本之间、文本与读者之间的相互关系中，由阅读构型和阅读技巧制约。体裁本身是社会历史的构成部分，揭示社会关系，它不是隐藏在文本之后的社会现实，而是社会性的组成领域，是写作实践得以持续的载体。

本内特认为，斯蒂芬·汉斯的《性的困境》为此作出了说明。汉斯不是把小说看作一种其特性需要依据社会条件来解释的特殊的文类，而是把小说看作广义文化的组成部分，从 19 世纪开始，影响了社会个体关系的叙事和意义秩序。小说从关注婚姻到关注性高潮的描写，与 20 世纪产生的性学所带来的关于性行为的新话语

① Tony Bennett, *Outside Literature*, London and New York: Routledge, 1990, p. 102.

表达联系起来，从而对性行为作出了新的社会规范。但其中任何一方都不是另一方的起因，它们在构建的层面上相互重叠、影响，都是规范性行为的技术，它们并未被划分成独立的文学效果、医学效果或科学效果，因为生活是渗透性的，各种经验交汇在一起。性行为的小说化构建帮助组织了性特征得以形成的社会领域。

本内特对于体裁在特殊社会性构建中功能、效果、作用的研究，对于西方马克思主义体裁社会学的逻辑来说是一个反转。本内特指出，如果历史分析要揭示出各种体裁最早被生产出来的社会性领域和模式，就必须考察对文本组织和接受语境都有影响的体裁差异系统的构建。其次，还必须考虑规约着文本运用的建构机制，以便评价那些文本在其中发挥自我构建、理性构建或接近构建技术的社会性领域。而西方马克思主义体裁社会学在某种程度上说是反历史的，因为它无视文学史建构客体的细节。

本内特的主张与新历史主义对莎士比亚的修正性理解有相似之处。新历史主义认为，要根据伊丽莎白一世时代和詹姆士一世时代的剧院在展示帝王权力上的作用来理解莎士比亚戏剧。这要求停止单纯的对戏剧体裁的分析，转而关注戏剧策略、戏剧与其他文本的关系以及戏剧产生的机制背景。天恩浩斯注意用不同的现代文学词汇去阅读莎士比亚戏剧文本，结果发现抛弃传统的体裁分析是必须的，这样才能真正在历史意义上解读莎士比亚。文艺复兴时期的剧院不同于普通的阅读场景，有重大的政治意义，所以莎士比亚的戏剧不能等同于莎士比亚的文本，不能被封闭在哲学、美学的框架内。莎士比亚的戏剧，不仅体现着作者的才情，还融合着编剧才能和管理才能，他们一起生产着文艺复兴时期的权力场景。用传统的戏剧体裁理论分析莎士比亚的戏剧显然是不能胜任的，因为戏剧体裁理论只注重作品本身，这必然导致作品与历史环境的断裂。

本内特强调，对体裁内部文化逻辑的归因要考虑变迁的政治冲突,这个冲突决定着文本间的、机制的可操作形式,而这种形式又规定着文学文本运用方式的历史变化。文本最初产生时呈现出来的意义并不具有优先性,在历史中,随着互文性、意识形态、政治关系和机制的变化,文本也被重新刻写。正如莎士比亚戏剧在16世纪被作为政治权力技术的一部分发挥作用,到19世纪则不再被搬上舞台演出,而只是作为案头读物,成为一系列关注道德、心理的话语,致力于社会的个体教育,成为集中在学校、家庭中进行自我构建的文化工具。

第三节 文学研究的对象:阅读型构

基于上述文学观,本内特指出,西方马克思主义美学将文本作为文艺理论研究对象的做法是错误的,因为正是“文本”这一概念自身而不是对文本的批评,依赖于唯心主义原则和生产程序。“文本”是一个变动且被动的构成,在不同的批评流派中具有完全不同的含义,“被构建为文本自身的东西,不过是通行的对阅读活动进行组织的文本间性、意识形态、文化指称等交互作用而衍生的产物”[①]。因此,对哪些属于抑或不属于文学文本的探寻最终只是变相的机械的形而上游戏。本内特指出,马克思主义文学理论的研究对象应该是阅读型构,“对于阅读型构,我的意思是指一系列话语的、文本间的限定作用,它们组织和激发了阅读实践,把文本和读者用一种特殊的关系联系起来,读者是特定类型的阅读主体,而

① Tony Bennett, "Texts in History: The Determinations of Readings and Their Texts," *Journal of the Midwest Modern Language Association*, Vol. 18. No 1. (spring: 1985), p. 11.

文本是即将以特定方式被阅读的客体存在"[①]。

阅读型构不是将文本作为纯粹不可知的存在的新康德主义的变种,而是用后马克思主义的反本质主义立场取消掉新康德主义的问题式,还文本现象以绝对的历史化和唯物主义向量,由此,文本不再由自身决定。阅读型构也不是将文本化约为语境,而是提供了重新思考语境的方式。最终,文本与语境都无法离开对方获得独立的存在。阅读型构是一种在变化的历史语境中的"生产性激活",包含以下几层意义:

首先,文本、读者、语境间的相互依存性。读者是某种类型的阅读主体,文本是有待被读的阅读客体,语境是一组基于物质、制度起作用的话语规定,它们都不能单独存在,不具有抽象意义上的确定身份,只有在阅读型构中才能获得相对价值和意义。"读者需要文本本身,阅读可认为是对后者的创造性背离:决不预先确定运用和解释。文本自身需要这样的读者作为证实它自己的客观性和必然性的手段。"[②]"语境与文本相关联,不仅仅是由外而内的,也是由内而外的,通过历史的具体形式把文本塑造成有待阅读的文本。"[③]阅读型构挑战了将文本、读者、语境相分离的理论传统,主张三者之间的历史性互生关系,"不同的阅读型构,生产他们自己

---

① Tony Bennett, "Texts in History: The Determinations of Readings and Their Texts", *Journal of the Midwest Modern Language Association*, Vol. 18. No 1. (spring: 1985), p. 7.

② Tony Bennett, "Texts in History: The Determinations of Readings and Their Texts," *Journal of the Midwest Modern Language Association*, Vol. 18. No 1. (spring: 1985), p. 9.

③ Tony Bennett, "Texts in History: The Determinations of Readings and Their Texts," *Journal of the Midwest Modern Language Association*, Vol. 18. No 1. (spring: 1985), p. 9.

的文本，自己的读者和自己的语境”[①]。

其次，阅读行为和阅读效果的平等性。这既包括阅读主体的平等，也包括阅读客体的平等。阅读作为一般意义上的手段与机制，不仅指称学院内的专家阅读，也指称普通的大众阅读，后者由于没有受到既定阅读标准和方法的影响、干扰，具有更多样的阅读方式和更积极的阅读体验，从而为文本意义的阐释创造了更广阔的空间。大众阅读不是完全地被动过程，也不是主流文化对非主流文化的单向决定过程，大众阅读中具有“生机勃勃的物质主义和人本主义的宽容，是一种来自下部的声音……展现出自身已经遥遥领先于知识分子的文化”[②]。大众阅读的文本是多样的，经典文学文本固然必不可少，通俗小说、电影电视等其他大众文学文本也占有重要地位，在消费和接受的过程中，它们都可能被“生产性激活”。“边缘的、次要的、巧合的、异想天开的或堂吉诃德式的意义与主流意义一样都是真实的、具有本体论的安全，都和文本的活生生命运联系在一起。”[③]

最后，意义的流动性。“意义是可及现象。它并不是文本能拥有之物，而是一种只有在阅读型构之中（它调节文本与读者之间的关系）才能产生的东西。”[④]阅读型构并未预先为文本设定一个语言学空间，赋予能指一种固定的意义，而是为文本打开一种可能性空间，将文本之外的历史因素与文本之内的形式因素结合起来，通

---

① Tony Bennett, “Texts in History: The Determinations of Readings and Their Texts,” *Journal of the Midwest Modern Language Association*, Vol. 18. No 1. (spring: 1985), p. 8.

② [英]托尼·本内特:《文化与社会》，王杰、强东红等译，广西师范大学出版社2007年版，第73页。

③ [英]托尼·本内特:《文化与社会》，王杰、强东红等译，广西师范大学出版社2007年版，第74页。

④ [英]托尼·本内特:《文化与社会》，王杰、强东红等译，广西师范大学出版社2007年版，第74页。

过文本间性关系的重构，为能指以及能指间关系构建一种秩序，从而为文本嵌入某种意义。“在不同阅读型构之中被生产性激活的方式，总是能被抽出，而又重新嵌入另外的话语型构之中。进一步说，这些阅读型构本身就会在不同类型的阅读关系之中发挥作用，正如文本在其历史过程中，被不断重新书写进入多种多样的物质的、社会的、制度的、意识形态的语境。”①

第四节　文学研究的方法:历史维度与政治维度的融合

以阅读型构为文学研究对象，昭示了本内特对文本效果的生产及再生产的重视，也昭示了本内特在研究方法上对马克思主义历史维度和政治维度的倚重。

但是本内特的历史维度同样经过了后马克思主义的改造。他反对将历史看作绝对可知的既往事实，主张历史是一系列叙事和修辞手法的产物，是一种话语效果，“处于一套明确的程序的支配之下，对作为现场事实的过去的维持和改变进行调节”②。不过这并不意味着本内特终结了历史的价值和意义，滑向了不可知论的深渊，他将历史分为两种：一种是在记录和档案中保存的“历史的过去”，另一种是通过各种机制和机构广泛传播的公共历史。虽然史学界的论争总是将某种程度的不确定性引入“历史的过去”之中，但从来不会对“历史的过去”的总体提出怀疑，因为论争会将某些认识作为真理添加进去，将另外一些认识作为谬误排除掉，从而使得“历史的过去”被人们理解。这个不稳定的永远处于变动中的

---

① ［英］托尼 · 本内特:《文化与社会》，王杰、强东红等译，广西师范大学出版社2007年版，第81页。

② ［英］托尼 · 本内特:《文化与社会》，王杰、强东红等译，广西师范大学出版社2007年版，第129页。

“历史的过去”是对历史陈述和历史命题进行检验的参照物,“能够对由公共历史领域所组成的历史表征的更宽广的王国进行检查,但是这个程度并不是历史自身所能达到的,而是取决于历史实践与其他的制度语境和话语体制之间建立了什么样的关系,历史就是在这个体制当中被生产出来并且得到流通的”①。

当历史被解构之后,历史和文学的关系需要重新建构。那种历史将既作为文学的来源又作为其指涉物的论点,最终只能得出作为来源的历史和作为指涉物的历史不是同一个历史的矛盾结论,因为“历史不再是一个牢固的超文本事实的领域,而应该被看作是包括文学在内的不同文本性的领域之间关系的复合体”②。因此,本内特用另外一种方式将文学与历史重新关联起来:“对文学文本的分析被并入历史恢复的项目之中,在这里历史是需要被重新获得的——文学在其中被作为一部分而被权力的体制化策略所运用——历史把文学当作它的一个必不可少的组成要素。”③本内特绕过了文学与历史的二元本体论关系,将两者作为话语实践的构成因素,既将文学融进历史中,也将历史溶解进文学中,这也就意味着文学与历史的关系问题被本内特当作一个伪命题彻底消解掉了,本内特转向新的理论焦点——文学史。在他看来,文学史“不再是对不同类型的现象之间的关系进行理论化的需要而安排给它的那些特殊的任务。相反的,它们变成了一种特殊的史学问题,其中关键的问题是采用哪些恰当的方式解读文学作品,检查它们在特殊的文学构型之中的运作模式,并且检查它们与那些由这

① [英]托尼·本内特:《文化与社会》,王杰、强东红等译,广西师范大学出版社2007年版,第129页。

② [英]托尼·本内特:《文化与社会》,王杰、强东红等译,广西师范大学出版社2007年版,第148页。

③ [英]托尼·本内特:《文化与社会》,王杰、强东红等译,广西师范大学出版社2007年版,第149页。

种构形的组织所引起的其他社会系统之间的重叠的特殊模式，通过这些模式重新建构起它们在更加宽广的社会经济中的位置”[①]。

同时，本内特强调文学研究中政治维度的不可或缺性。他所谓的政治不是局限于国家机构、选举或政党政治，而是指权力的运用，包括权力的分配方式、权力场域的建构、权力涉及的社会机制等等，如伊格尔顿所言“（政治）是指我们组织社会生活的方式，以及它所包括的力量对比关系”[②]。文学研究中的政治维度就是积极介入权力关系领域，因此，本内特虽然批判詹姆逊对马克思主义批评的过度阐释，但是他坚决捍卫詹姆逊的理论立场：政治视角是构成一切行动和解释的绝对视域，文化首先并且在根本上是政治的。

本内特指出，马克思主义文学理论真正区别于资产阶级文学理论的地方不应该在美学问题上，而应该在政治立场上，因为“文学是一个关于文学实践、机制和话语存在条件和功能的场域，它具有明确的策略和辩论价值，提供了一种将文学从它自身区别开来的认识论方法，从而可以更好地理解文学实践的组织特性和文学实践中包含的矛盾冲突”[③]。马克思主义文学批评不是去阐释先验地存在着的作为审美对象的文学，而是“介入阅读和创作的社会过程”[④]，通过对文本的政治环境、不断变化的文本与意识形态关系，以及读者对文本接受情况的分析获得对文学的真正把握。因

---

① ［英］托尼·本内特：《文化与社会》，王杰、强东红等译，广西师范大学出版社2007年版，第153页。

② ［英］特里·伊格尔顿：《当代西方文学理论》，王逢振译，中国社会科学出版社1988年版，第281页。

③ Tony Bennett, *Outside Literature*, London and New York: Routledge, 1990, p. 5.

④ ［英］马尔赫恩：《当代马克思主义文学批评》，刘象愚等译，北京大学出版社2002年版，第222页。

此马克思主义文学研究应该从文学之外的立场出发，摒除哲学美学的概念范畴，将政治因素、历史因素和实践因素引入文学分析，对文学实践得以进行的社会语境进行考量。正如柯林·麦克勃指出的："分析文学就是投入一场阅读战斗，这不是自愿选择的问题，而是制度决定了的事情。阐释的有效性是由当前关系文学的政治斗争所决定的。"①

总的来说，本内特的后马克思主义文学观提供了一种独特的文学研究视角。一方面，重返政治地带的批评态度和注重历史向量的研究方法，使它保持着马克思主义的鲜明特征；另一方面，对话语理论、解构理论的运用又使它对文学有了更为开放的理解，从而对文学研究对象和研究方法作出新的探索。但是，本内特的后马克思主义文学观也存在着不小的缺陷：它在强调文学开放性的同时，却忽视了文学的特殊性，使得文学与其他话语实践活动的界限模糊不清；与此同时，将文学归结为话语实践能否真正实现本内特所期望的政治批评功能也有待进一步探索。最重要的是，本内特的后马克思主义文学观对经典马克思主义文艺理论的革新与偏离是否走得太远，以至于要越出马克思主义的理论阵地，也是值得深思的问题。

---

① ［英］马尔赫恩：《当代马克思主义文学批评》，刘象愚等译，北京大学出版社2002年版，第222页。

第四章　历史与当下:辨析文化研究的真实存在

20 世纪 60 年代,文化研究在英国兴起且影响日渐扩大,到 70 年代已成为英国人文社科领域的一门显学。彼时,本内特任教的英国开放大学创设了“大众传播和社会”课程,专门从事大众媒体研究。1979 年,斯图亚特·霍尔到开放大学担任教授,在他的推动下,开放大学于 1982 年设立大众文化的学位课程,招收专业研究生,大量讲授文化研究的相关理论。由于课程代码为 U203,从事本课程教学科研的团队被简称为“U203 小组”,本内特是小组中的重要成员。从这个时期开始,本内特从马克思主义文学理论研究转为关注文化研究。

本内特对文化研究的参与正处于文化研究学术传统的深化期和转折期,他对威廉斯、霍尔等人的文化研究观点持有不同看法,“为文化研究提出了一项修正方案”①。

① [英]托尼·本内特:《走向文化研究的语用学》,阎嘉译,陶东风:《文化研究精粹读本》,中国人民大学出版社 2006 年版,第 217 页。

第一节 跨学科还是学科化

为文化研究下定义是件非常困难的事情,正如斯道雷指出的,虽然文化研究有各种的论文、会议、刊物甚至学位,但是却没有广泛认同的定义。“给文化研究画一条清晰的线索或说我们从一个侧面发现文化研究的适当领域是不可能的,指出足以标志文化研究之特征的整齐划一的理论或方法也是不可能的。来自文学批评、社会学、历史、媒介研究等的观念、方法和关切组成的地地道道的大杂烩,都在文化研究的方便的标签下面杂陈在一起。”[①]然而,正是这种对文化研究定义难以达成统一的界定和持续不断的争论,使文化研究领域充满活力并被不断地建构和再创造,因此,对文化研究科学属性的把握是从事这项学术事业的基点,也是本内特重新探索文化研究真实存在的意义所在。

长期以来,以霍尔为代表的伯明翰当代文化研究中心对文化研究的界定最具权威性和代表性,在他们看来,文化研究最显著的特征是跨学科性和不确定性。首先,文化研究吸取了社会学、历史学、文学、传播学、人类学、政治学等多种人文社会科学的方法和理论,因拥有交互性的或多重的学科基础而优越于各个传统的学科。文化研究不是一个专门的学科,更没有成为学科的必要性,因为正是这种超越于学科的理论构建方式,使文化研究成为不受传统规则束缚、自由吸取他人之长的开放型知识领域。霍尔曾警告说,任何对文化研究学科化和机制化的努力,都有将文化研究推向深奥学术追求的危险。其次,文化研究认为文化是由各种抽象规范和价值组成的分析系统,是各种利益的一种汇集,因此文化研究拒绝

---

① Colin Sparks and Arnold, *The Evaluation of Cultural Studies*, London: Sage:1996, p. 15.

寻找任何明确的研究对象和方法论，他们更多的是寻找研究主题，诸如亚文化、性别、媒体等等，运用马克思主义、女权主义、结构分析、精神分析、符号学等多元方法论对其进行研究。“文化研究的各种设想与过程的灵活性，允许有一种分析上的自由……文化研究丝毫没有保证在各种既定语境内所追问之问题的重要性，或者说没有保证如何回答那些问题；因此，没有任何方法论可以被赋予特权，甚至也不可能完全可靠地和有把握地暂时加以运用，然而，也没用哪种方法论可以被立刻排除在外。”①

本内特认为，文化研究的这种“不确定性”暗含着程序上的不连贯性，是一种折中主义的表现，产生的只能是无原则的因而也是无实用价值的知识。在当今社会条件下，文化研究必须确立一些政治的、伦理的和认识的约定，以此获得关于社会整体的综合性知识。文化研究之所以被拒绝承认是一门学科，是因为在许多人看来，学科化意味着承认文化研究的边界，从而使它的支配性和可能性被限制于学科机制的条件中。本内特指出，这种看法其实是受文化研究的所谓“历史”所妨害，这种历史遮蔽了文化研究的真实历程，使其处于某种文化意识形态的压迫之下。他坚持文化研究的学科化，“文化研究确实需要被塑造成一门更适宜的、更容易辨认的学科，当然这不是反对它的跨学科地位，许多人文学科就是从已经存在学科的空隙中创造出自己的生存空间，从而逐渐成长为一门学科的”②。为此，他通过还原文化研究的真实历史和社会条件证明了文化研究生而具有的学科性。

本内特指出，文化研究的现有官方历史都是内部阐释，是在文

---

① ［英］保罗 · 史密斯：《文化研究的回顾与前瞻》，陶东风：《文化研究精粹读本》，中国人民大学出版社 2006 年版，第 2 页。

② Tony Bennett, *Culture: A Reformer's Science*, Sydney: Allen & Unwin Pty Ltd, 1998, p. 42.

化研究话语的框架之内产生的,这些阐释反过来又有助于那些话语的表达,从而将文化研究的历史认作文化研究克服挫折、不断前进的发展史,是一系列从参与者视角得到的理论的、政治的斗争史。这种历史是文化研究从生产了它们真理体系的内部书写和建构的,忽略了其外部的社会发生条件。具体来说,这种历史强调学术文本的出版,认为经典文本是文化研究起源和发展的标志,并促使了在大学里作为一个教学部门的文化研究的诞生。如此来看,文化研究历史的起点应在20世纪50年代末,理查德·霍加特出版了《识字的用途》,随后雷蒙·威廉斯出版了《文化与社会》《漫长的革命》,汤普森也发表了《英国工人阶级的形成》,这些文本都被作为文化研究的"最重要的"而且"具有突破性的"文本。而60年代伯明翰当代文化研究中心的成立也是文化研究历史中的一个关键事件,这一中心由霍加特建。霍加特因为对企鹅出版社官司的帮助而获得了该出版社提供的一笔基金,随后他用这笔基金在伯明翰大学建立了一个中心来研究文化。此后,该中心被斯图亚特·霍尔接替,他联合一批志同道合之人,发起了一场影响广泛的文化研究思潮,集中研究意识形态如何存在于大众文化中、文化形式中,如何体现着反抗和斗争等问题。

本内特指出,在回答文化研究的具体问题上,这种内部历史观并不能提供有益的帮助,我们必须去发现"文化研究背后的东西",即文化研究发展的各种社会条件和关系。他认为,从一开始,文化研究就是由公共教育体系主要针对工人业余教育进行形塑的,该教育旨在为无缘接受正规高教育的工人阶级学生提供培训,它与正规高等教育的区别在于它关注日常生活经验。因此,工人业余教育体系构成了文化研究的主要生成机制和生存语境,正如汤姆·斯蒂尔所言,从独立的工人教育运动的余烬中出现了文化研究的凤凰。

这其中,英语教学堪称文化研究最直接的孵化器,文化研究的许多构成性和标志性特征在英语教学规则和实践的变迁中已经被提前预演了。在文化研究尚未显形之前，威廉斯和霍加特等人的那些被看作文化研究奠基之作的文本《漫长的革命》《识字的用途》等，是在业余教育的英语教学中真正发挥作用。本内特说："我第一次遇到那些文本是在 1962 年，英国北部的一所语法学校，当时的教学语境是左派利维斯主义的，在文学典范之外寻求广泛的文本系列，以期由此来塑造英语主体新一代的构成性道德和政治意识。让我们阅读威廉斯和霍加特，目的是使我们思考大众文本，思考我们的日常生活经验，在教室中引发关于当代社会的、政治的、道德的等相关事情的讨论。"①

对于威廉斯的作用，霍尔的评价是"《漫长的革命》给整个英国文化和社会传统带来了决定性的终结"。而本内特持有不同的观点，他不是要否认威廉斯的重要性，而是指出对威廉斯的评价是富有争议的，伊恩 · 亨特就把威廉斯的"文化是一种整体生活方式"的观念看作是浪漫主义美学的后裔，而维斯万娜思则指出了《文化与社会》在方法论上的偏见，因为它只研究大都市的文化构成，却忽略了帝国主义之外的其他外部环境因素。因此，本内特认为，虽然威廉斯扭转了利维斯主义的精英主义文化观，有助于促进新左派的文化项目和政治批判，但是不能将威廉斯的著作看作为文化研究开辟的新大陆，威廉斯的贡献在于，通过给英语教学带来一系列新的认知客体，扩大了英语负载的道德使命的功能，也就是说在那个体制语境中，威廉斯的著作与其说是构建文化研究的，不如说是发挥道德教育功能的。

文化研究早期的这些经典文本没有仅仅受制于新左派的政治发动，而是在英语教学中获得旺盛的生命力，与工人业余教育的议

---

① Tony Bennett, *Culture: A Reformer's Science*, Sydney: Allen & Unwin Pty Ltd, 1998, p. 49.

事日程联系在一起,为那些没机会接触高雅文化的平民大众提供文化滋养。这种历史赋予文化研究一种巨大的张力:一方面,对日常生活和文化真谛的发现被解释成由抵抗政治支持并反过来增强抵抗政治;另一方面,这种发现是发生在教育体制空间内部并且是教育的结果,而这种教育体制空间又是由政府在文化上的统治目的来规约的。文化研究既然是在教育体制中发展起来的,就必须重视体制因素的积极性,因为它不仅关系着文化研究的历史,更制约着文化研究的未来走向。

因此,霍尔对文化研究的机制化倾向的判断无疑是错误的,霍尔认为文化研究的学院机制化只是一个权宜之计,文化研究不能被概念化成一门学科,它根植于新左派政治,之所以移植进大学,是为了在变化了的政治环境中为新左派政治谋求一个避难所。威廉斯、霍加特和霍尔本人都有在工人业余教育学院工作的经历,都与工人阶级有密切的接触,霍尔说:"我们来自英国学院生活中心之外,我们对文化变化问题的讨论首先在一个肮脏的外部世界被评论,文化研究中心是我们的讨论在外部世界不能继续时的退避场所。许多人都不再计划返回大学,但面对变化的情况,我们不得不为真实而重要的继续开展作出实际的调整。"①

本内特对霍尔的这一说法极不赞同,业余教育学院真的能被合法地理解成边缘的从而成为更为激进文化研究工程的发源地吗?"我也在工人业余教育学院工作过,我的真实感受是:工人业余教育学院与大学的关系并非边缘与中心的关系;恰恰相反,业余教育学院是中心的前哨。"②在本内特看来,文化研究并没有与工

① Tony Bennett, *Culture: A Reformer's Science*, *Sydney*: Allen & Unwin Pty Ltd, 1998, p. 47.

② Tony Bennett, *Culture: A Reformer's Science*, Sydney: Allen & Unwin Pty Ltd, 1998, p. 49.

人阶级正在经历着的肮脏的外部世界产生直接的、未受影响的联系;相反,业余教育学院为工人阶级提供的是一种经过了极大修正的工人阶级文化、实践的知识,这种知识不是要激发工人阶级进行政治抵抗,而是要训导工人阶级进行自我完善。因此,业余教育学院的真实功能更多地使它成为传播主导文化的工具,而不是成为激进文化研究的策源地。如此看来,文化研究组织工人阶级进行反霸权的斗争是没有前途的,"对于文化研究未来发展至关重要的是,公共教育机制和空间不仅为知识分子的政治规划提供了便利的场合,而且它们本身也是一个语境,这个语境的逻辑和政治导向将对文化研究产生影响"①。根据本内特的阐释,文化研究也可以被理解成道德科学,它通过对文化现象的文本批评,作用于意识和人格的构成,促进主体的自我型构得以完善。

第二节　语用学与权力分析:文化研究的基本要素

本内特主张文化研究的学科化和机制化,必然需要对文化研究的边界、研究对象和基本问题作出具有约束性的界定,只有这些问题清楚了,才能为文化研究的进一步发展勾画更加明确可行的道路。如果说为文化研究拟定一种高度统一的定义并勾画出一套统一的理论与政治立场是不可能的话,那么通过对文化研究基本要素的界定而为文化研究提供一种既相对宽松又能获得广泛认同的身份代码是可行的,本内特正是采用了后一种方法。他为文化研究界定了四个基本特征:

首先,文化研究是一种具有跨学科性质的专门学科。所谓跨学科性,并不是说文化研究通过采用各学科专门化的技术、技巧和

① Tony Bennett, *Culture: A Reformer's Science*, Sydney: Allen & Unwin Pty Ltd, 1998, p. 49.

知识，表现出一种克服其他学科专长的丰富性，因此要挑战或全盘否定各种传统人文社会学科的关注点以及理论图示，而是说文化研究提供一个综合性的知识领域，“起着一种清扫房间的作用，即协调不同学科的方法和发现，这是在它们对于文化实践、文化等级的机构和形式在组织、传播或争夺特定权力关系中所起作用的影响范围之内”[①]。相对于跨学科性，文化研究更具有学科化的属性。历史已经证明，从事文化研究的主要机构是高等教育系统，文化研究不仅以此为依托进行科研，更以此为基地专业培养研究生并授予学位。这就需要文化研究要像其他任何一门人文社会科学一样，就“如何最有效为传播其论点、观念和观点进行安排，以各种方式算计对那些能够把其知识资源运用到实际社会行动的特殊领域中去的社会力量的影响加以最大化”[②]。

其次，文化研究具有语用学属性。本内特解释说：“成为语用学的，就意味着关注‘实际结果或价值’，或者说关注‘从属于一个国家或一个共同体的诸种事物’问题。”[③]他认为，文化研究的语用学属性表现在两个层面上：一是在政治层面上，文化研究与社会现实紧密关联，与各种社会运动如妇女运动、后殖民运动、黑人解放运动等相生相伴，既为社会运动提供了支持，又反过来受到这些社会运动呼吁者的阐释和构建；二是在理论层面上，文化研究对制度的、机构的、推论的、政治的等各种社会条件具有分析研究的必要性，对国家以及某些共同利益团体的具体事务具有介入和参与的必要性，这种参与不是单纯的批判和反抗，而是积极的建设与

---

① [英]托尼·本内特：《走向文化研究的语用学》，陶东风：《文化研究精粹读本》，中国人民大学出版 社 2006 年版，第 227 页。

② [英]托尼·本内特：《走向文化研究的语用学》，陶东风：《文化研究精粹读本》，中国人民大学出版社 2006 年版，第 226 页。

③ [英]托尼·本内特：《走向文化研究的语用学》，陶东风：《文化研究精粹读本》，中国人民大学出版 社 2006 年版，第 217 页。

引导。

再次,文化研究的对象是对文化与权力关系的分析。现代社会中,文化与权力的关系体现在多个方面,如既体现在微观的个体地位、性别差异中,也体现在宏观的人口、种族、殖民主义中,但是文化研究对这些文化与权力关系的分析并非只是书面上的理论探究,"对在不同权力关系的语境里文化所起作用的不同方式之间的性质、构成和相互作用的关注,在动机方面并不是学究式的。文化研究的抱负是要形成各种方法,将文化与权力的关系理论化,这将证明能够被有关的社会力量利用来造成文化与权力的这些关系运作内部的各种变化"①。具体说来,文化研究锁定的对象"必然会涉及对那些相关的社会力量的有竞争性的政治评价,那些力量是谁,他们和我们如何被卷入到改变这些权力关系之功能的过程之中,以及那些变化的受益者是谁"②。

最后,文化研究对文化的理解是广泛的。虽然威廉斯的文化作为整体生活方式的观念已经成为文化研究的官方标示,但它并未穷尽对文化内涵的全部界定。文化不仅涉及生活方式,还涉及社会实践、机构和等级制度,正是通过后者,文化才得以"向人们灌输各种特定的价值观、信念、富裕生活的条件、生活常规和行为的习惯形式"③。因此,本内特认为对文化下一个统一的定义是注定没有意义的,它也不是保证文化研究成为一项统一事业的必要条件。

---

① [英]托尼·本内特:《走向文化研究的语用学》,陶东风:《文化研究精粹读本》,中国人民大学出版社,2006年版,第227页。

② [英]托尼·本内特:《走向文化研究的语用学》,陶东风:《文化研究精粹读本》,中国人民大学出版社,2006年版,第227页。

③ [英]托尼·本内特:《走向文化研究的语用学》,陶东风:《文化研究精粹读本》,中国人民大学出版社 2006年版,第227页。

第三节　霸权与对大众文化的界定

文化研究离不开对大众文化的关注，正如戴锦华在《隐形书写》中所说，没有对大众文化进行研究的文化研究，就好比上演《哈姆雷特》而缺少了王子。本内特对大众文化的界定深受葛兰西霸权理论的影响，而这又是为了破解文化研究的范式之争所引发的。如前文所述，20世纪70年代左右，英国文化研究被困在文化主义与结构主义的范式之争中不能自拔。文化主义是指由威廉斯、霍加特等本土理论家开创的文化研究范式，强调文化的整体性和经验性；结构主义是指受阿尔都塞影响而构建的文化研究范式，强调结构分析与文化解码。对于文化主义与结构主义之间的矛盾对立，学者们大都从文化主义与结构主义这两种范式本身的理论逻辑出发进行方法论层面的抽象比较，比如霍尔的《文化研究：两种范式》。

本内特却是从"大众文化"的角度分析了文化主义与结构主义之间无法调和的矛盾及其产生的后果。他说："在结构主义的视野中，大众文化经常被看作一种意识形态机器，它严格的、俨如法律规则一样地支配着人民的思想……特别关注对文本形式的分析，专注于揭示文本结构的据说是组织了阅读或观看实践的方式，经常忽略制约这些文本生产或接受的条件。文化主义则恰恰相反，在颂扬通俗文化表达了社会亚群体或阶级的真正利益和价值的过程中，经常是不作辨别地一味浪漫。而且这一看法来源于本质主义的文化观，即认定文化是特定阶级或性别本质的体现。"[①]如此一来，大众文化要么成为统治阶级意识形态的同义词应该遭到批

① [英]托尼·本内特:《通俗文化与葛兰西转向·媒介研究的进路》，汪凯、刘晓红译，新华出版社2004年版，第427页。

判,要么成为人民心声的真实表达应该受到褒扬。对结构主义来说,“大众文化研究的主要政治使命就是通过通读大众文化形式和实践来揭开运行于其内部的统治的意识形态的隐秘机制,从而武装读者以反对类似机制在实践中发生”①。而文化主义则相反,他们认为“分析被一种明确的政治解释学所支配——既然发现了人民的真实声音,就应该阐释其意义,扩大其影响”②。本内特指出,这两种范式反向而行,结果将文化与意识形态领域分裂为两个对立阵营——资产阶级和工人阶级,“两者被锁定在一场得失所系的赌赛中,一方有所得,另一方必有所失,游戏的最终目标是一方消灭另一方,从而得胜者得以占据被征服一方的地盘”③。非此即彼的对立立场使“大众文化”善恶难辨,也使得文化研究陷入了方法论上的困扰,正如霍尔指出的:“无论‘文化主义’还是‘结构主义’,都不足以将文化研究构造成一个有明确概念和充分理论依据的领域。”④

正是在这种学术背景下,葛兰西的霸权理论开始为文化研究学者所采纳,本内特早期的文化研究即受到葛兰西思想的影响。在为U203课程编纂的《大众文化与社会关系》这本选集的序言《大众文化与葛兰西转向》中,本内特首次在英国文化研究中明确提出“葛兰西转向”(或者译作“转向葛兰西”)这个术语,探索超越文化主义与结构主义的第三条道路。

---

① [英]托尼·本内特:《通俗文化与葛兰西转向·媒介研究的进路》,汪凯、刘晓红译,新华出版社2004年版,第428页。

② [英]托尼·本内特:《通俗文化与葛兰西转向·媒介研究的进路》,汪凯、刘晓红译,新华出版社2004年版,第428页。

③ [英]托尼·本内特:《通俗文化与葛兰西转向·媒介研究的进路》,汪凯、刘晓红译,新华出版社2004年版,第429页。

④ 罗刚、刘象愚主编:《文化研究读本》,中国社会科学出版社2009年版,第61页。

本内特指出,虽然文化主义与结构主义存在差异,但两者都主张文化受到主导意识形态的控制,而葛兰西则持有不同意见,“他强调资本主义社会统治阶级与被统治阶级之间的文化与意识形态关系,与其说体现在前者对后者的统治中,不如说体现在争夺霸权的斗争中。也就是说,体现在统治阶级和主要的被统治阶级即工人阶级之间,争夺对整个社会道德的、知识的、文化的,进而是政治的领导权”①。

霸权的观念替换了统治的观念,统治阶级的意识形态要处于主导地位,就不能简单地依靠压制被统治阶级的意识形态来维持。相反,他们必须和处于相对立场的阶级、阶层进行利益的协商,对被统治阶级的利益作出实质性的让步,通过将对立团体的利益“接合”进自身的利益中,赢得被统治阶级对统治阶级霸权的认同。统治阶级的文化与被统治阶级的文化都在这个霸权的争夺中改变了政治属性。本内特说:“资产阶级文化不再纯粹地或完全地是资产阶级的了。相反,它成为来自不同阶级领域的文化和意识形态的一种动机组合,但是这些阶级领域仅仅是暂时地在一个特定的历史阶段内隶属于资产阶级的价值、利益和目标。当然,基于同样的原因,被统治阶级的成员永远不会遇到纯粹的、阶级色彩鲜明的居统治地位的意识形态,或者被他压迫。资产阶级意识形态总是以妥协的形式被遭遇,这种形式就使它必须采取措施,给对抗阶级的价值留出一席之地。”②

葛兰西霸权理论使得对大众文化的界定复杂化了,大众文化不再是资产阶级意识形态强加其上、企图控制和愚昧大众的体现,

① [英]托尼·本内特:《通俗文化与葛兰西转向·媒介研究的进路》,汪凯,刘晓红译,新华出版社2004年版,第429页。

② [英]托尼·本内特:《通俗文化与葛兰西转向·媒介研究的进路》,汪凯、刘晓红译,新华出版社2004年版,第430页。

也不再是人民意志的真正体现和自发性的对抗文化，而是“两者之间的一块谈判场所——在那里不同类型的大众文化——统治的、从属的和对抗的文化和意识形态价值和要素被混合在不同的队列里”[①]。如此，大众文化就成为众多力量角逐的场所，它使得对立的利益能够以合法的方式进行协商，从而制造出一个允许不同价值观进行对话、交流、产生共鸣的空间，这个空间也成为政治斗争的重要领域。

本内特总结了葛兰西霸权理论的优势：第一，反对文化的阶级本质主义，否定将所有文化现象归结于阶级立场。第二，对大众文化的分析不能采取简单的立场，要么站在精英的立场反对它，要么站在工人阶级的立场不加批判地接受它。第三，文化的政治功能不是天生的，更不是固定的，而是在变动的社会网络关系中由于政治和意识形态的不断接合而重新生成的。也就是说，某个文化实践并不必然永远负载同一个意识形态意义，而是充斥着无尽的政治阐释可能，即便今日与资产阶级价值相关联，明日有可能与社会主义价值相关联。第四，霸权理论能够使我们理解阶级、种族、性别等不同文化斗争领域的相对独立性，以及它们在不同的历史背景中那些复杂的、交叠的变化方式。本内特指出，并不是说葛兰西的理论包含了所有问题的答案，可以应对大众文化分析领域的一切问题，但是它提供了一个整合框架，在其中可以提出诸多问题，并在相互关系中寻求解答。

运用葛兰西霸权理论，本内特在《大众政治与大众文化》这篇文章中系统阐释了他对大众文化的见解。虽然“大众文化”有多种定义，约翰 · 斯道雷就曾在《文化理论与通俗文化导论》中将其概括为六种，但是本内特反对为“大众文化”这个术语填充任何具体、

---

① ［英］托尼 · 本内特：《通俗文化与葛兰西转向 · 媒介研究的进路》，汪凯，刘晓红译，新华出版社 2004 年版，第 431 页。

固定的内容，因为“这种填充的尝试将最终导致某种政治的封闭，更准确地说，是一系列的政治封闭”[1]。他进一步指出，“事实上，‘大众文化’的概念根本就没有实际用处。而且，一锅煮的、似是而非的、相互矛盾的定义反而容易产生误导，把人带入理论上的死胡同”[2]。因此，本内特主张以另一种方式接近大众文化问题，这就是保持这个术语的定义虚空性（或者至少是相对的定义虚空）与开放性，拒绝为它寻找任何不变的文化形式与文化实践，而是根据变动的社会环境来政治性地填充它，将它作为一个其构成与组织不断变化的场域，为政治斗争提供最关键的属地。

本内特认为，大众文化研究中的关键性问题是“大众”或者“人民”的问题，因为对“大众”与“人民”的解释直接关联着大众文化斗争的结果。“按照惯常的用法，‘大众文化’仅仅是指被人民大众欢迎的文化，很明显，需要具体说明‘人民’指涉的范围，这个用法才能有意义。有些情况下，‘人民’指所有的人；另一些情况下，‘人民’等同于工人阶级”[3]。但是受到葛兰西影响，本内特更愿意将‘人民’看作“既不指单个人，也不指社会中的某个单独群体，而是指一系列社会群体，这些群体尽管在其他方面不同（例如他们的阶级立场或者他们参与的具体斗争），但是他们共同有别于那些经济、政治和文化上的强势团体。如果他们各自的斗争能够结合起

---

① Tony Bennett, “The Politics of the Popular and Popular Culture,” *in Tony Benettt, Colin Mercer and Janet Woolacott (eds.)*, Popular Culture and Social Relations, Milton Keynes:Open university Press, 1986, p. 16.

② Tony Bennett, “Popular Culture: A Teaching Object,” *Screen Education* (34), Milton Keynes: Open University Press, 1980, p. 18.

③ Tony Bennett, “The Politics of the Popular and Popular Culture,” *in Tony Benettt. Colin Mercer and Janet Woolacott (eds.)*, Popular Culture and Social Relations, Milton Key:Open university Press, 1986, p. 20.

来,他们将有可能组成一个'对抗权力集团的人民统一阵线'"[1]。本内特对'人民'的定义是相当宽泛和富于包容性的,它最大程度地集结了不同社会领域和层次的成员,从而为大众文化的研究设置了广阔的政治语境。实际上,对于本内特来说,重要的"不是'定义'人民,而是'构造'人民,将人民建构成一个广泛的社会与政治联盟来对抗权力集团,从而为自身赢得文化地位和文化影响力"[2]。如此一来,大众文化就是一个政治符指,"大众文化就是能够对日常生活的结构进行探讨的场所,这样做不仅具有学术意义,而且具有政治意义,探讨构成这种日常生活模式的权力关系,并就此揭示这种权力关系结构所服务的利益结构"[3]。

本内特与沃尔夫·寇特合著的《邦德及其超越:一个大众英雄的政治使命》一书,就是在葛兰西霸权理论框架下对英国大众文化中一个突出的个例——邦德现象所展开的分析。正像葛兰西说过的,文艺作品能对大众产生影响并不在于作者的姓名与性格,而是在于作品中主人公的个性。一旦该主人公进入人们的真实生活,他将脱离产生其的文本而获得有效的历史身份。"007 秘密特工詹姆斯·邦德"就是这样一个脱离了作者、走入了人们生活并具有了真实历史身份的虚幻人物,他在不同社会历史时期的大众文化中产生了非同小可的影响。

作为一个由小说、电影创造的大众英雄,邦德形象早已为人熟

---

① Tony Bennett, "The Politics of the Popular and Popular Culture," *in Tony Benett. Colin Mercer and Janet Woolacott (eds.)*, Popular Culture and Social Relations, Milton Keynes: Open university Press, 1986, p. 20.

② Tony Bennett, "The Politics of the Popular and Popular Culture," *in Tony Benett. Colin Mercer and Janet Woolacott (eds.)*, Popular Culture and Social Relations, Milton Keynes: Open university Press, 1986, p. 20.

③ [英]约翰·斯道雷:《文化理论与通俗文化导论》,杨竹山等译,南京大学出版社 2001 年版,第 18 页。

知:他拥有英俊帅气的相貌和强壮健硕的体魄,接受过极其严格的特工训练和最为优雅的绅士教育,具有超出常人的智慧和胆略,能预先察觉危险情况并作出正确反映,能在任何困难、危险、阴谋中保持沉着的判断和刚毅的勇气。邦德超越了性别、年龄乃至文化差异,获得了全世界人民长时间的喜爱。有数据表明:迄今为止,邦德系列小说出版14部,被翻译成法、俄、意、中、日等多种语言文字,发行量高达千万册;邦德电影推出23部,票房高达亿万美元。邦德堪称英国当代文艺史上最著名的大众偶像。正是针对这样一个备受瞩目的文化事件,本内特和沃尔夫·寇特围绕邦德现象的产生、邦德意义如何随时间改变、邦德文本的构成、邦德电影与邦德小说的关系、邦德在不同意识形态构建中的功能等方面问题展开研究,正如格雷姆·特纳评论的,"在很多方面,《邦德及其超越:一个大众英雄的政治使命》都具有示范作用,可以说明各种历史的、工业的和意识形态的场域如何生产出这个文本——和邦德这位人物相关的电影、小说和知名度相关的文本"①。

根据不同历史时期邦德的流行情况及所承担的大众文化功能的差异,本内特将邦德现象大体划分为三个时期,即20世纪50年代的发轫期、60年代的繁盛期和70年代至今的怀旧期。50年代推出的邦德小说包括《皇家赌场》《生死关头》,发行量不大,因为这些小说定位在"纯文学"与"通俗小说"之间,是可以当作纯文学来阅读的惊险故事,既有艺术审美追求,又有对商业利润的渴望,在装帧上采用硬皮精包装。这些手段"使这一文本遭遇到一个初步的意识形态的限定……典型地包括了许多东西,不仅与要么间谍……或者同时与二者相联系,而且还意味着更高品质的范畴——

① ［英］格雷姆·特纳:《英国文化研究导论》,唐维敏译,亚太图书出版社2000年版,第141页。

文学间谍小说"[①]。这类小说针对的读者大都是城市的知识阶层，也就是所谓的上等读者或者叫"会心的读者"，他们具有较高的文学修养，能够把注意力集中到小说的人物性格、情节设置、环境描写、语言修饰等文本形式美感上。

到20世纪60年代，邦德现象出现了明显的转折：一方面是邦德小说改变了定位，将阅读人群的范围扩大，不仅面向上层读者，也面向下层读者，小说内容更加通俗，在装帧上采用较为低廉的平装本。为了扩大销路，发行商拓展了传播渠道，在报刊上进行连载，并出版了每日卡通漫画。这些手段使得邦德日渐为人熟知。另一方面，根据小说改编的邦德电影取得巨大成功，在上线频率、票房收入、利润率及观众数量上都相当可观。从1962年到1967年，几乎每年都最少推出一部邦德电影，其中"《来自俄国的爱情》1963年在纽约发行的第一个星期就总共赚得460186美元，1965年发行的《霹雳弹》到1971年为止共赚得4500万美元，在同一年，《金刚钻》在发行后的前12天就赚得1560万美元。在电影工业中，再也不会有如此成功的例子了"[②]。邦德电影的成功不仅促进了邦德小说的销售，也使得邦德实现了从一个虚幻人物到大众英雄的实质性转变，邦德形象被广泛应用于时装、化妆品、汽车、奢侈品等的广告设计上。

本内特指出，广告设计的运用"使得邦德形象脱离了它原本的在文本条件下的存在方式，被赋予了半自主、半真实的特征，成为一个发挥着作用的'自由漂浮'的能指。在对邦德形象运用的主导形式方面，这有助于协调并浓缩一系列重叠的意识形态问题，这些

---

① [英]格雷姆·特纳：《英国文化研究导论》，唐维敏译，亚太图书出版社2000年版，第89页。

② [英]托尼·本内特：《文化与社会》，王杰、强东红等译，广西师范大学出版社2007年版，第91页。

问题围绕性别认同和英国味的新风尚、新形象的构建展开”[①]。就性别认同而言,邦德代表着力量、激情、果敢、阳刚之气,是女性心目中的完美男人。作为一个关键的、有特权的能指或“缝合点”,邦德形象成为男性意识形态的简略表达。因此女性的性别认同就以迎合邦德为标准,不论是为配得上邦德而准备的口红、香水还是服饰,都成为邦德符号意义指涉物的具体表现。就英国新风尚而言,“邦德还成为无产阶级和现代性这些当时很著名的意识形态主题的体现。邦德成为重要文化宣言的制造者,他认为英国已经摆脱了传统的占统治地位的精英们目光偏狭并带有阶级局限的观点,并且由于政治和文化领导中新的精英管理方式的实施,英国正在以一种彻底的方式走向现代化”[②]。因此,邦德不仅是一个妇孺皆知、愉悦大众的人物形象,更是一个具有多重意义的文化符号,对于大众意识的构建发挥着重要作用。这一历史时期,由于邦德形象的流行与深入人心超过了其他任何文化现象,“理所当然地被假定为英国大众文化中的一个具有协调性的能指,是宽广范围的其他文化实践为了确立自身的文化定位和身份而要参照的一个正在构建的参照物”[③]。

20世纪70年代以后是邦德作为大众英雄的第三个历史时期。本内特认为,这时期邦德形象不再如上个时期那样活跃,作为一个文化和意识形态符号,邦德形象被阶段性、选择性和策略性的激活。也就是说,邦德在英国大众文化中的流行程度以及所发挥的意识形态功能有所下降,他的流行成为偶发性和仪式性的文化

---

① [英]托尼·本内特:《文化与社会》,王杰、强东红等译,广西师范大学出版社2007年版,第93页。

② [英]托尼·本内特:《文化与社会》,王杰、强东红等译,广西师范大学出版社2007年版,第94页。

③ [英]托尼·本内特:《文化与社会》,王杰、强东红等译,广西师范大学出版社2007年版,第94页。

事件。本内特指出，在该时期，邦德故事不再是纯粹的间谍故事，而是秉承时代风气和大众文化口味的转移而表现出科幻和超人风格的故事。邦德电影的发行频率明显降低，隔几年才推出一部，并且所产生的轰动效应也无法与当日媲美了。更具深意的是，相比于20世纪60年代邦德形象与性别和民族的构建的密切关系，在70年代，邦德形象成为儿童玩具、快速食品等较低层次消费品的广告，所具有的文化符号意义缩小了指涉范围，也减弱了对大众意识形态建构的影响力。邦德不再关乎宏大的政治意义，而是以其对早日形象的模仿而成为被怀念的对象。虽然《生死关头》《金枪人》等都是新创作的邦德文本，但是不论观看邦德电影还是阅读邦德小说，都成为大众对邦德形象仪式性的怀念。本内特说："所有的这些都表明，邦德的时代已经过去了——并不是说邦德死了，而是邦德形象成为一个休眠的能指的意义上来谈的，大多数时间里是不活动的，但可以被阶段性地重新激活，虽然主要是以一种仪式的方式。"①

本内特在分析完不同历史阶段邦德形象呈现出不同文化身份之后，转而问道，但是谁才能真正代表邦德呢？是小说作者弗莱明，还是扮演者肖恩·康纳利或者罗杰·摩尔？他的答案是，三者都不是。因为邦德形象存在于由小说、电影、明星访谈、漫画、评论等诸多文本与历史、社会相互关联形成的互文关系网络中，这个互文关系网络不断变换秩序，因而不断建构、更新、阐释邦德形象。通过互文性这个术语，本内特将分析的重点放在文本与历史社会的关系上，强调社会历史条件对文本生产与消费的规约作用，强调文本意义是在不同社会历史条件下，通过多种途径被文化激活。由此而言，对文本的理解就需要超越单纯的文本分析方法，整体地

---

① [英]托尼·本内特：《文化与社会》，王杰、强东红等译，广西师范大学出版社2007年版，第96页。

分析文本与文化和意识形态状况的相互关系,文本在社会的、制度的和意识形态的语境中发生的无穷无尽的转变与位移。"在邦德这个案例中,邦德一生延续长达三十年之久,而关于他的意义,在不同时间点中,已经产生相当不同的社会与文本决定因素。在某一组互文关系中,邦德是一位贵族式、传统的英国英雄,拥有集教养、品味、权威于一身的皇家美德;而在另一组互文关系中,对同样一本书的解读却完全不同。邦德被解读为一个反对偶像崇拜的现代人物,对不合时宜的阶级体系大加批判,而且这种阶级政治不仅局限于英国,而广及整个西方资本主义。"[①]因此,邦德形象存在于不断编码与解码的过程中,邦德文本从来就不是同一个文本。

由上述分析可见,本内特既运用了文化主义的研究范式,在小说、电影、广告等文化实践中具体分析邦德现象,又运用了结构主义方法,分析了邦德文本的生产制作即制码过程和阅读消费即解码过程。更重要的是,本内特借鉴了葛兰西的霸权理论,将邦德形象的互文性建构和它所表征的文化意识形态作了动态解读。可以说,这是一篇成功的大众文化案例分析。

---

① [英]格雷姆·特纳:《英国文化研究导论》,唐维敏译,亚太图书出版社2000年版,第143页。

第五章　从批判到实践:拓展文化研究新范式

伯明翰研究中心所开拓的文化研究范式,基本是站在新左派激进立场上,以葛兰西霸权理论为工具,展开对资本主义社会文化的剖析,以达到对资产阶级意识形态揭露和政治霸权抵抗与批判的目的。受到福柯影响的本内特对这一立场进行了扭转,他从对文化社会的单纯批判走向文化政策实践,从对政府机构的抵制转向对文化事务的参与。这不是对资产阶级主流意识形态的妥协——他始终坚持对文化研究的反思与自省,而是将批判传统引向了更富积极意义和建设力量的历史高度。在他看来,文化不仅仅是人类整体的生活方式,更是治理的领域和"改革者的科学",文化研究不是在文化与社会领域中破除与清算,而是通过治理性视域下的文化政策创新和文化机构健全,实现文化与社会的双向繁荣。由此,本内特在文化研究这一学术传统的发展史上开拓了新的研究领域和研究范式。

第一节　从葛兰西到福柯

如果说本内特是在葛兰西霸权理论的影响下走向文化研究的

话，那么福柯的权力理论则是本内特修正文化研究政策、开拓文化研究范式，从而奠定其在文化研究学术传统中地位的理论基石。

谈到福柯对他的影响，本内特说可以在两个语境中区别对待：第一个语境是在20世纪70年代英国文化研究中，那时正值葛兰西转向和霸权理论一统天下，尽管伯明翰学派对福柯也有过相当程度的关注，许多人曾在文章中讨论过福柯，但是他们对福柯的态度基本上是否定和排斥的，认为福柯与保罗·赫斯特和巴里·辛迪斯一道对马克思主义的基本观点进行了错误的阐释，违背了马克思主义历史观和真理观。他们认为，虽然福柯的权力理论不乏洞见，但是福柯没有国家理论，他用知识—权力关系代替真理—意识形态关系，走向了政治上的不可知论，他的微观权力概念没能提供这样一种路径，可以将微小斗争建构成具有革命潜力的社会斗争基础。例如霍尔在《文化研究：两种范式》(中文版删去了这部分内容)中，以马克思主义文化研究者的身份讨论了福柯与马克思主义的分歧，认为福柯的错误在于否认历史的真实客观性，没有看到资本主义经济关系如何构成了社会组织的统一原则，没有认识到社会变迁是资本主义发展引起的系列过程的一部分。于是"福柯的著作常被当作受马克思主义曲折影响的葛兰西眼光"[①]，试图被融合进葛兰西理论中。

本内特对福柯在伯明翰文化研究中的境遇原因进行了分析，认为：(1)文化研究正值葛兰西转向时期，葛兰西的霸权理论作为主导话语占据了发言优势，从而在某种程度上遮蔽了其他理论。(2)福柯的历史和理论观点对葛兰西霸权理论提出了质疑，伯明翰学派要防止福柯的著作中传达出的对他们正在构建的理论立场的挑战，"霍尔、理查德·约翰逊及其他人试图在立场上划清界限，他

① 金惠敏、朱喆：《修正文化研究政策——托尼·本内特访谈》，《学术界》2010年第4期。

们只允许福柯著作中能够与他们理论兼容的观点越过那条界限。这在霍尔著名的《文化研究：两个范式》一文中表达得十分清楚"[①]。(3)福柯本人很少谈及文化，虽然他从事过文学和美学研究，但那些不容易与文化研究直接联系起来。"福柯介入英国学术界和知识界的争论的一些最有影响力的观点是通过与文化研究并不一致的传统路径发生作用的。"[②]

本内特对福柯持有的态度与伯明翰学人完全不同，他认为福柯那些被批判的观点对我们理解现代社会中文化与权力的关系很有帮助，而且在与马克思主义的关系问题上，福柯并不是反马克思主义，而是指出了马克思主义理论的一些困境，本内特说："英国文化研究对福柯的解释从一开始就错了。如果你愿意，就像马克思主义的后卫防守，特别支持马克思主义的整体性观念，反对福柯著作中的倾向，即其坚持认为权力拥有许多不以逻辑连接的形式并将它们在单一的组织原则中缩减为同一起源。这些就是摆在霍尔及其他人面前迫在眉睫的需要回应福柯的问题：他能描述各种权力的效力，但不能告诉我们他们怎样以一个复杂整体的部分来相互配合影响；他并没有国家组织职能的理论；他对话语的思考不能像意识形态理论那样将观念和权力联系起来——福柯靠所有这些论点成就了自己，正是因为它们构成了他对马克思主义的批判的重点。"[③]

本内特受福柯影响的第二个语境是在澳大利亚。1983 年，本内特移居澳大利亚，任教于格里菲斯大学。澳大利亚的学术思想

---

① 金惠敏、朱喆：《修正文化研究政策——托尼 · 本内特访谈》，《学术界》2010 年第 4 期。

② 金惠敏、朱喆：《修正文化研究政策——托尼 · 本内特访谈》，《学术界》2010 年第 4 期。

③ 金惠敏、朱喆：《修正文化研究政策——托尼 · 本内特访谈》，《学术界》2010 年第 4 期。

环境完全不同于英国:一方面马克思主义未取得主导地位,葛兰西霸权理论的影响范围有限;另一方面,特殊的种族构成使得澳大利亚文化研究与英国伯明翰学派十分不同,大众文化非善即恶的论争问题并不激烈;再一方面,通过澳大利亚本土知识分子对福柯的另一种解读,福柯以更为直接的方式进入澳大利亚文化研究中。正是在澳大利亚的这段生活经历,使本内特深受福柯思想的影响,"他对自我的探究和对自我技术的研究,让研究文化文本联系社会进程,通过研究其自身使其成为可能有了新的思考方式。这也意味着思考历史进程和文化形成的方式构成了对威廉姆斯强有力的挑战,那个时候,在英国文化研究里,威廉姆斯的思想或多或少成为被接受的观念。福柯的话语概念,及其对知识和权力关系的看法,就像博物馆——一个新引起我兴趣的领域——一样,开拓了处理文化机制实践的方式,葛兰西分析的一般公式在具体和特定方法上则开始不相匹配。但最重要的是,它提供了跳出霍尔对文化研究两个选择——文化主义和构成主义——的知识网格,我觉得非常有效"[①]。

概括起来说,本内特主要受福柯两方面思想的影响:一是微观权力说,二是治理理论。在福柯看来,权力是人类经验的组成部分,是力量关系的体现。权力不是相对于政治结构、阶级统治而言的,而是相对于人际关系而言的,在各种各样的人与人关系中,一方总是想法控制另一方的行为,这就是权力。权力存在于人类的言语交往关系中,也存在于制度的、经济的、文化的、情感的关系中,体现在日常生活的方方面面。因此权力是微观的、分散的、流动的、可逆的、不稳定的,这也就意味着主体的自由是权力关系得以实施的必要条件,如果一方能够绝对而永久性的控制另一方,就

① 金惠敏、朱喆:《修正文化研究政策——托尼·本内特访谈》,《学术界》2010年第4期。

不存在权力关系,如果存在着权力关系,就必然存在着主体的某种自由。因此,福柯反对将权力简单看作压抑、否定性的,而是将权力作为一种策略游戏,对权力的分析就是回答如何实施、对谁实施这些问题。

在《规训与惩罚》、法兰西讲座课程系列的《必须保卫社会》《论治理性:安全、领土、人口》《活人的治理》以及《性经验史》第一卷《认知的意志》等著作中,福柯比较集中地探讨了权力谱系,提出了“治理性”这一概念。福柯梳理了欧洲国家的权力关系发展脉络:从司法国家的以法律—政治体系为主导,到行政国家的以管制和规训为主导,最后到治理国家的以安全配置为主导,指出在治理性国家中,生物学意义上的人口对国家安全的重要性——人口的数量、分布、健康状况、文化水平等,都对国家力量的强弱有至关重要的作用。因此,17 世纪以后,自由主义国家不再单纯从法律层面或规训层面出发,强调国家对臣民的主导性和压制性统治,而是从治理层面出发,关注人的生命,以正确、恰当的方式管理个体,从而使人成为可以控制的对象——这就是生命权利在生命政治学中的体现。

福柯指出,“治理”(government)作为一门科学甚至艺术到 18 世纪已经发展得比较完备,治理的对象是人口,治理的目的是对于所指导的过程的完善和强化,而治理的工具不再是法律和监禁、规训,而是多种多样的策略。福柯指出,“‘治理术’一词有三个意思:(1)由制度、程序、分析、反思、计算和策略所构成的总体,使得这种特殊然而复杂的权力形式得以实施,这种权力形式的目标是人口,其主要知识形式是政治经济学,其根本的技术工具是安全配置。(2)很久以来,整个西方都存在一种趋势和战线,它不断使这种可被成为治理的权力形式日益占据了突出地位,使它比其他所有权力形式(主权、纪律等)更重要,这种趋势,一方面形成了一系列治理特有的装置,另一方面则导致了一整套知识的发展。(3)‘治理术'这个词还意味着一个过程，或者说是这个过程的结果，在这一过程中，中世纪的司法国家在15世纪和16世纪转变为行政国家，逐渐'治理化'了"①。因此，正像福柯所说的，对我们的现实来说，"重要的不是社会的国家化，而是国家的'治理化'"②。

此后，福柯又将治理性与自我的技术联系起来，从对人口的控制转向对自我的关注，也就是通过审美的方式，对自我进行提升和完善，实现自我的自由与解放。"它还表现为一种态度、一种行为方式，充满了各种生存方式。它在人们反思、阐述、完善和教育的各种步骤、修行和养生法中得到了发展。因此，它成了一种社会实践，引发了个人之间的互动关系，引发了交换和交流，有时甚至是各种机构。"③

福柯的理论使本内特深受触动，他明显感觉到了福柯较之葛兰西的理论有效性，因此，他将福柯与葛兰西进行了比较，深入剖析了两者的相同和差异。

首先，福柯与葛兰西都注意到了现代社会早期，文化与权力关系的建构方式有了重要的转变，尤其是在18世纪晚期到19世纪中期这段历史中，现代社会见证了新的社会机构和实践的产生，使得文化实践作为整体的大众的价值和对大众进行更有效的引导、规范的实践方式得以具体化和可操作化。但两者的区别在于：在葛兰西看来，这是由于现代国家伦理的、文化的、教育的功能得以发挥作用的结果；而在福柯看来，这是由于权力由法律性、行政性向治理性的转变。

---

① [法]福柯：《安全、领土与人口，法兰西学院演讲系列(1977～1978)》，钱翰、陈晓径译，上海人民出版社2010年版，第91页。

② [法]福柯：《安全、领土与人口，法兰西学院演讲系列(1977～1978)》，钱翰，陈晓径译，上海人民出版社2010年版，第92页。

③ [法]米希尔·福柯：《性经验史》，佘碧平译，上海人民出版社2005年版，第331页。

具体来说，对葛兰西而言，这种历史转变的关键在于资产阶级的历史独特性，他们不再是之前的依靠统治阶层强制性的压迫维护统治，而是通过获得被统治阶级的赞同来维护统治。因此，资产阶级对大众的利益表示关注和妥协，并努力通过各种国家机器对大众进行道德上、文化上、情感上的教育，争取大众心甘情愿地对统治表示支持。而对福柯而言，历史转变的关键则在于权力形式的变化，在法国大革命以前，欧洲普遍盛行君主专制主义，呈现出法律性的权力形式特征，在这种权力观念下，任何事情都指向一个目标——王权的维护、扩张以及大众对王权的认知和服从，因此，大众的生活条件和文化状况是不被重视的。到18世纪，情况发生了变化，国家功能的概念、政治科学的阐释和自由政府的计划，使得治理作为一门科学和艺术受到广泛重视，因此作为治理对象的人的生活条件的细节化知识也相应受到重视。权力实践与认知过程联系起来，权力被分散到和应用于那个把大众既作为客体又作为认知主体的机制中，权力本身不再以彰显自身效果为目的，而是隐藏到实践过程之中。

其次，福柯和葛兰西都看到了现代统治技术对大众生活条件的重视和对从属阶层个人生命的重视，也都认识到权力实践方式的转变——权力存在于更广阔的关系中，致力于产生更丰富的知识、情感和行动的认知内容并刻记于新的语境和机构中。因此，福柯和葛兰西都重视文化在现代统治体系结构和功能中的作用。但是，福柯和葛兰西对文化治理新机制引起的行为和信念转变的本质有不同的认识。

在葛兰西看来，资产阶级民主形式中的权力实践，不仅致力于激发大众的服从，更期望获得大众的支持和参与，因此国家和市民社会的各种主要意识形态机构都对此有重要作用。这也就意味着，葛兰西认为权力是高度统一的，有一个权力集团作为中心，文化领域是两极斗争的结构，一方面是霸权意识自上而下的流动，它从资产阶级文化权力中心而来,通过意识形态工具,贯穿于整个社会;另一方面,是从属阶级的反霸权意识形态的想象的自下而上的移动。葛兰西没有将意识形态作为研究对象,而是作为研究工具,因此文化研究中的葛兰西传统很少关注文化机制、技术或机构,更倾向于分析霸权组织的发生过程。

福柯的观点不同,他认为权力没有统一的中心,权力的存在方式是多样的。因此,福柯更多地关注权力机制世俗的技术化方面,致力于考察作为具体的局部化的社会技术权力关系组成部分的知识运用,比如监狱、收容所等等,强调它们并不是依靠统一的方式和一种总体的权力性来运转,强调社会技术在治理被设定为对象的大众行为方面的作用,这也相应导致了对身体/灵魂关系的关注。在生产自我监视和自我管制的行为主体的过程中,福柯论述了权力关系如何通过作用于灵魂植入肉体驯化它,并且使它履行自身的职能。福柯赋予文化的功能也因此与葛兰西不同,认为文化不再是协调市民社会和国家关系的途径,而是多元且分散的治理领域。

在对葛兰西和福柯权力理论细致入微的分析之中,本内特已经表明了对葛兰西总体化权力观的否定和批判,认为福柯理论更适合分析微观的、不均衡的权力结构问题。他将福柯的启示归纳为三个方面:第一,鼓励人们聚焦于文化机制更细节化的路径和运作程序,让人们去思考文化资源如何被用作文化技术,通过对社会关系的排列和塑造,对人类行为进行管理。文化不再仅是意识的表现,也是人类行为和社会交往中的机制化实践、管理方法和空间布置。第二,文化斗争领域并不与从属集团对统治集团的斗争相对应,因此文化研究中的公共空间是不断变化和流动的。第三,任何有关文化的知识分子必须采取一种更积极主动的态度,参与到规范和组织人类行为的治理计划中来。以福柯理论为框架,本内特拓展了伯明翰学派文化研究的范式,而拓展工作的第一步是从强调文化的治理性开始的。

第二节 文化的治理性

本内特治理性文化观的提出固然受到福柯理论的直接启发，但更重要的是这一理念有着深刻的社会历史背景。自20世纪初开始，西方资本主义国家普遍盛行自由主义的政治经济理念，“自由”一词在西方文化传统中并不陌生。第二次世界大战后，由于英法德等欧洲主要国家经历了巨大创伤，对医治创伤颇有效力的凯恩斯主义一度成为各国的主流思想。凯恩斯主义强调国家的宏观调控和对市场经济的干预，注意缓和劳资矛盾，发展工会组织，提高社会福利，发展公共文化教育。凯恩斯主义为欧洲带来了30多年的高速发展，劳动人民的生活状况和文化素质显著提升。进入20世纪70年代，高福利政策让各国政府的财政负担日益沉重，财政赤字明显上升，失业人员增加，经济进入滞涨时期。凯恩斯主义已无力解决经济社会发展中的严重危机，在这种情况下，以哈耶克为代表的新自由主义逐渐从边缘走向中心。以1979年撒切尔夫人执掌英国政坛和1980年里根成功当选美国总统为标志，新自由主义逐渐成为世界范围内认可的政治经济思潮。新自由主义的显著特征是反对国家干预，主张市场自由调控；反对公有制，主张财产私有制。新自由主义在刺激了经济快速发展的同时，也对社会文化生活领域产生了巨大影响，个体自由和个人主义成为民众的强烈共识。同时，由于强调经济效益高于一切，新自由主义导致对经济原教旨主义的过分尊崇，社会成员的贫富差距不断拉大，社会矛盾和问题日益突出。在这种历史背景下，社会迫切需要文化作为一剂良药医治经济无法解决的问题。这为本内特治理性文化观的提出准备好了历史契机。

与此同时，学术本身的发展也在呼唤新的文化观的产生。20世纪80年代，英国文化研究因为长期纠结于文化主义与结构主义的范式之争而一度陷于僵滞。虽然葛兰西的霸权理论作为调解之道对于超越文化研究范式之争起到一定作用,然而本内特指出,葛兰西视角在透析文化现象背后掩盖着的不同社会阶层的意识形态较量时,却忽略了文化的体制结构和制度安排,忽略了对文化的机制考量。而解构主义、符号学、话语理论等各种后学资源的扩容,也使得单纯站在新左派激进立场上对大众文化、青年亚文化、媒体传播等进行文本分析和批判的传统文化研究跟不上时代步伐。

在这种情况下,本内特采用福柯立场,开始了对文化的新思考,而思考的出发点是从考古式剖析"文化是人类生活方式"这一长期占据文化研究主导地位的核心价值观开始的。不容否认,这一文化观清除了长期以来捆绑在文化中的精英意识形态,扩展了文化的指涉范围,将不同阶层民众的智慧成果、风俗习惯和行为方式等纳入文化范畴之中,"将利维斯主义的道德评价和政治评价反转过来,有助于促进新左派所倡导的文化项目和政治批判"[①]。然而,本内特指出,这一文化观的重要性被放置在了错误的地方,它真正值得重视和发掘的价值并不在于对文化范畴的拓展,而在于将文化作为改革者的科学的理论基因。

最早提出这一文化观的是人类学家泰勒。1871 年,泰勒出版了人类学著作《原始文化》。他在书中写道:"文化,或文明,就其广泛的民族学意义来说,是包括全部的知识、信仰、艺术、道德、法律、风俗以及作为社会成员的人所掌握和接受的任何其他的才能和习惯的复合体。"[②]表面看起来,泰勒的人类学文化定义反对以欧洲文化为标尺对其他民族文化进行优劣划分,主张文化均等性,他

① Tony Bennett, *Culture: A Reformer's Science*, Sydney: Allen & Unwin Pty Ltd, 1998. p. 12.

② [英]爱德华·泰勒:《原始文化——神话、哲学、宗教、语言、艺术和习俗发展之研究》,连树声译,上海文艺出版社 1992 年版,第 1 页。

说:“把各不同民族的精神文化和艺术作比较,好的和坏的也不是很容易就能作出结论的。”[①]尤其是在涉及到文化道德的、智力的、智慧的、情感的、政治的等因素时,“比起按照某种共同的标度来测定文化的进步或落后来,就变得更加困难”[②],因为这些文化因素没有明确的优劣测评标准。“白人征服者或殖民者,虽然比起他所改进或消灭的蒙昧人来一般也是作为高等文化的代表,他常常也是这一水平的最坏的代表,就是在最好的情况下,也不见得能够要求建立起一种比起他所排斥的那种更加较为纯正而高尚的生活方式”[③]。

但是本内特指出,“这个印象是一种误导”[④],泰勒在将“文化”视为“文明”的同义词时,并没有对文化的美学定义提出一种批判性的替代概念,而是暗中运用了阿诺德的文化定义,即文化是有意识朝向进步和完美的奋斗。只不过,泰勒将阿诺德的定义与达尔文进化论结合起来,把文化的概念整合到社会发展中并具有进化论色彩,从而再一次承认了文化具有的等级性。泰勒虽然拒绝按照善和恶的道德标准来衡量文化的进步与否,却主张按照另一种等级标准即蒙昧状态、野蛮状态还是文明状态来衡量,“现在所研究的蒙昧状态在很大程度上是跟人类的早期状态相符合的……人类社会在其漫长时期的发展中的主要倾向就是从蒙昧状态向文明

---

① [英]爱德华·泰勒:《原始文化——神话、哲学、宗教、语言、艺术和习俗发展之研究》,连树声译,上海文艺出版社1992年版,第27页。

② [英]爱德华·泰勒:《原始文化——神话、哲学、宗教、语言、艺术和习俗发展之研究》,连树声译,上海文艺出版社1992年版,第27页。

③ [英]爱德华·泰勒:《原始文化——神话、哲学、宗教、语言、艺术和习俗发展之研究》,连树声译,上海文艺出版社1992年版,第28页。

④ [英]托尼·本内特:《文化与社会》,王杰、强东红等译,广西师范大学出版社2007年版第183页。

状态过渡”①。如此一来,文化的基本属性和主要功能就是促进人类自身的提升和改革,培养人类向着光明和甜美前进;而文化研究的任务就是揭露野蛮文化的迷信残余,促进文化向着更高级别进步。

在泰勒之后,雷蒙·威廉斯将这一人类学文化观引入到文化研究中,并使之成为20世纪中叶以后最具权威的文化定义之一。在威廉斯看来,文化是“对一种特殊生活方式的描述,这种描述不仅表现艺术和学问中的某些价值和意义,而且也表现制度和日常行为中的某些意义和价值”②。在此基础上,威廉斯将文化划分成主流文化、剩余文化和新兴文化三种。本内特认为:“威廉斯定义这些术语时采用的方法和他努力运用这些术语而确立的各种差异,都呈现了与泰勒所使用的术语一种惊人的一致性,泰勒使用这些术语来辨认出文化的哪些形式有助于或者阻碍了作为整体的文化的逐渐进化。”③

在谈到剩余文化时,威廉斯将“剩余”与“古旧”区分开来:古旧事物是完全属于过去的因素,只有人为的操作才有可能使之复活;而“残余乃是有效地形成于过去,但却一直活跃在文化过程中的事物。它们不仅是(也常常全然不是)过去的某种因素,同时也是现在的有效因素”④。本内特指出,威廉斯的这种区分与泰勒对“存留”和“复活”之间的区分是相似的。泰勒的“复活”指那些在当今文化中已经不具有生命力的事物,而泰勒的“存留”指那些由于惯

---

① [英]爱德华·泰勒:《原始文化——神话、哲学、宗教、语言、艺术和习俗发展之研究》,连树声译,上海文艺出版社1992年版,第31页。

② 罗刚、刘象愚:《文化研究读本》,中国社会科学出版社2000年版,第125页。

③ [英]托尼·本内特:《文化与社会》,王杰、强东红等译,广西师范大学出版社,2007年版第186页。

④ [英]雷蒙·威廉斯:《马克思主义与文学》,王尔勃、周莉译,河南大学出版社2008年版,第130页。

性被带进新的社会阶段中的过程、习俗和观点等等。因此，“古旧”对应“复活”，而“剩余”对应“存留”，“剩余”和“存留”的文化因素显然要比“古旧”和“复活”的文化因素更有价值。

对于泰勒而言，惯性力量使“存留”得以持续，这就证明“在当下的文化中，存在着两种本质上不连贯的文化时代——远古时代和现代性时代，同时随着存留物被建构为当下的存在，那些不同的时代又重新融合成一个时代，最后，既然它们已经与现代性联系起来，它们被毁灭的时机也成熟了”①。例如，殖民地人民的文化就是一种文化存留，一方面它是包括欧洲在内的整个人类史前生活的活化石，在当今时代继续保留着生命力；另一方面，它也是欧洲文明努力治理和改善的目标，因为在现代文明看来，殖民地文化作为落后、荒蛮的代名词，拖延了人类文明发展的速度。本内特指出，“正是这种政治激励使泰勒的文化观成为一门改革者的科学”②。

对于威廉斯而言，剩余文化虽然不断地被主流文化收编和合并，但是它毕竟不同于主流文化，“无法以主导文化的术语加以表达和确认”③，从而构成了对主流文化僵化形式的对抗和挑战，有助于辨认出文化革新的动力和源泉，促使新的经验、意义和价值获得发展。“威廉斯认为，从剩余文化或者新生文化的视角来看，既然每个都依赖一种创造性的力量，这种力量就主流文化而言可以造成另一种选择或者甚至是对立面，那么主流文化的霸权就可以

---

① [英]托尼·本内特：《文化与社会》，王杰、强东红等译，广西师范大学出版社2007年版，第188页。

② [英]托尼·本内特：《文化与社会》，王杰、强东红等译，广西师范大学出版社2007年版，第188页。

③ [英]雷蒙·威廉斯：《马克思主义与文学》，王尔勃、周莉译，河南大学出版社2008年版，第131页。

被部分的消解"[①]。例如,乡村社会的理念就是剩余文化的一种典型代表,它同大都市工业资本主义文化即主流文化处于相互取代或彼此对立的关系中,它以自身的休闲功能对主流文化的竞争和压迫构成了一定程度的消解。

因此,本内特指出,威廉斯和泰勒都将文化看作是对人类成长和发展过程的刻记与表述,文化研究就是要辨认出阻碍人类成长及促进人类发展的文化因素以及它们之间的相互关系。"对他们而言,这发展了一系列概念,以便于通过将文化发展过程解释为不同时段之间的文化因素之间的复杂的互动模式所产生的结果来说明文化发展进程;对于二者来说,这都造成运用一种特定的标准方格,依据这种标准方格,一些生活方式得到支持并且积极发展,而另一些则被贴上死亡标签送进历史之中。他们两个都是通过本质上相似的改革机制来工作的改革者"[②]。两者的不同在于,泰勒是"相对坦率的进化论"者,而威廉斯则是将"阿诺德式的美学与泰勒式的进化论因素在一位马克思主义者的历史主义的语境中结合起来"[③]。

在对泰勒和威廉斯的文化观重新阐释的基础上,本内特通过对福柯微观权力理论和治理性理论的选择性转换,形成了治理性文化观。本内特指出,从 17 世纪开始,欧洲的各个民族国家先后经历了市场经济发展、封建霸权衰落以及宗派主义分歧加深的发展历程,极权的宗法性国家逐渐向自由主义的治理性政府转变。政府不同于国家,它是国家与市民社会的中介,它强调的不是权力

---

① [英]托尼·本内特:《文化与社会》,王杰、强东红等译,广西师范大学出版社 2007 年版,第 188 页。

② [英]托尼·本内特:《文化与社会》,王杰、强东红等译,广西师范大学出版社 2007 年版,第 191 页。

③ [英]托尼·本内特:《文化与社会》,王杰、强东红等译,广西师范大学出版社 2007 年版,第 192 页。

机构对人民的压制和束缚,而是对人民利益和需求的重视与满足。政府的职责在于确保整个人群的安全,规范、引导个体的行为方式,提高和改善人们的整体素质;政府的运转机制是关注主体、自我、个人和执行者的构成方式及行为方式,注重人民的愿望、抱负、兴趣、利益和信仰等。总之,政府的任务就是制定各种技术、知识和管理规则,以给予人们自由的方式,实现对社会生活的治理。治理不仅仅体现在宏观的政治层面,更运行在微观而普通的日常生活之中,与每一个个体发生直接的关联。而文化因作为其意识形态斗争的场域,与政治权力的紧密联系,成为连接政府与个体的最佳途径。

本内特的治理性文化观并没有为文化赋予任何超验的审美内容或趣味标准,而是将文化看作一个社会领域,在这个领域中,治理是唯一的要义。所谓治理,是指"特定的管理组织和过程,通过特定的政治制度和叙述事实的策略,使我们更积极地参与到对我们自身的管理与监督之中,并促进我们自身的发展"[①]。因此,文化以治理性作为本体论存在,它既是治理的对象,又是治理的工具。作为治理对象的文化,是指"下层社会阶级的道德、礼仪和生活方式"[②];作为治理工具的文化,是指"艺术和智性活动,它们成为对道德、礼仪和行为符码等领域的管理干预和调节的手段"[③]。作为治理的对象,文化针对的是个人,目的是促进个人生存状况的改善;作为治理的工具,文化运行的层面是政府,目标是通过机制、体制的健全实现社会的进步。

---

① [英]托尼·本内特:《文化与社会》,王杰、强东红等译,广西师范大学出版社2007年版,第206页。

② [英]托尼·本内特:《文化与社会》,王杰、强东红等译,广西师范大学出版社2007年版,第162页。

③ [英]托尼·本内特:《文化与社会》,王杰、强东红等译,广西师范大学出版社2007年版,第162页。

然而许多人批评到，本内特的治理性文化观又退回到了伯明翰文化研究所推翻的利维斯主义的老路上，因为利维斯通过强调文化的精粹性而赋予文化教化功能，认为文化对改善社会成员的行为方式和内心世界具有关键作用。不可否认，本内特文化观的最终目的与利维斯是相同的，但两者实现目标的路径却截然相反：利维斯强调的是个体化的精英意识，而本内特强调的是国家政府的整体运转机制；利维斯是对19世纪英国文化文明传统的回应和对贵族文化的极端袒护，而本内特则通过对文化研究传统的继承与深化，努力厘清文化背后的各种权利纠葛。可以说，本内特的文化观是在新自由主义社会语境中对文化属性的新阐释，是在威廉斯文化观基础上的突破与创新。

本内特指出，从整体层面来说，就以文化作为人类生活方式这个人类学定义来看，在它宣称文化不论在政治上、地域上还是美学上都是本质平等的假象下，存在的是依然主张文化领域间具有价值差异的本质。这种差异的区分不可能是中立的，“相反，它们引起的分裂典型地导致了文化领域的不同成分之间的关系等级级别，一部分被限定为匮乏、不足、问题，而另一些部分则被限定为提供了克服匮乏、填补不足、解决问题的方法”[①]。因此，文化仿佛是一种蕴含丰富能量的资源库，不同区域之间因为能量强弱的不同而形成了诸多不同的倾斜面，文化就从倾斜面的高端向低端流动，从而形成了文化改革的推动力。

例如，联合国教科文组织在《世界文化与发展委员会报告》中，一方面宣称尊重文化的多样性、民族性，鼓励不同区域文化的平等交流和对话；另一方面，却又根据“宽容”与“不宽容”这个标准将世界文化划分成两个区域，“有一些文化可能不值得尊重，是因为它

---

① ［英］托尼·本内特：《文化与社会》，王杰、强东红等译，广西师范大学出版社2007年版，第181页。

们自己表现为不宽容、排外、剥削、残酷和压制。尽管我们可能已经被告知了'不干涉地方性风俗习惯'的重要性，但这样一些排斥的实践，不管针对的是来自不同文化的人还是针对同一文化的其他成员，都应当受到谴责，而不是被容忍……"[1]。如此一来，宽容性的文化内容和生活方式将成为被鼓励、被效仿的对象，从而试图消灭和取代那些不宽容的文化内容和生活方式。

从个体层面来说，文化作为一系列知识、规则的集合物，形成了一套独特的符号技术系统，它通过与个体自我完善技术的结合，扩展到每个人的日常生活中，改变和创造生活方式。这种改变和创造，"一方面用不着求助于道德规范的稳定性，或者另一方面也用不着求助认识论保证的稳定性……在道德规范与认识论保证的稳定性之间保持平衡的生活方式的创造，是一套独特的能力和才能，它需要培植和训练，而不是人类主体天生的属性。用福柯的话来解释，它是这样一种生活方式，它宣布的要求并不是我们不应该被统治，而是我们不应该像那样被统治——无论'那样'碰巧是什么"[2]。也就是说，文化在日常生活之中开辟了一个自我空间，通过开展与自我的对话甚至"分裂"，引起人们对自我的检查、反思、调整和改进，建立起一种自我管理的内在机制，以到达自我和谐的治理目的。

文化与治理性的有效结合是势在必然的事情，然而本内特指出，在文化研究的传统中，文化的治理性显然被文化的其他社会性能所遮蔽了。在斯图亚特 · 霍尔那里，文化被想象为对社会交往的语言建构；而在尼古拉斯 · 罗斯那里，文化被强调为对社会交往

---

① [英]托尼 · 本内特：《文化与社会》，王杰、强东红等译，广西师范大学出版社2007年版，第197页。

② [英]托尼 · 本内特：《审美 · 治理 · 自由》，姚建彬译，《南京大学学报》2009年第5期。

的技术建构。

本内特认为，霍尔对文化研究的最重要贡献在于促成了“文化转向”，文化不再只是依附性的变量，而是生产性、基础性的常量，拥有解释社会关系和社会结构的特权，能对一系列经济、人伦、政治关系进行组织，对社会生活进行构造。本内特指出，霍尔之所以赋予文化如此性能，是因为霍尔将文化比作语言，具有意义生成功能：意义不是存在于事物自身之中，而是在事物之间关系的结构之中。“‘文化转向’与这种对语言的新的观点密切相关，因为文化只是不同的分类系统和话语结构的综合，语言利用它们给事物赋义。”[①]由此而言，霍尔将对语言的理解运用到文化中，从而使得社会生活反过来依附于语言赋予的意义，社会生活因此被理解成文化和话语的实践，文化具有了决定一切的地位，它“总是一种在场，并且是第一位的，存在于经济、社会和政治实践之中，还从内部构建它们”[②]。

就这一点而言，霍尔实质上是站在拉克劳、莫菲的后马克思主义立场上，将话语理论运用到文化研究之中，这与本内特持有的后马克思主义立场是相同的。因此他给予霍尔积极评价，认为霍尔的观点对文化的功能做了充分的肯定，将包括种族、阶级、性别、宗教等等在内的社会关系界定为差异与分延，在复杂的相互作用中，这些社会关系得以不断地被重建。由此，霍尔消解了差异和同一性的本质属性，使之成为历史变动的过程。但是，本内特也指出了霍尔这种文化观具有的困难：首先，霍尔在将社会关系融入文化意义之中的同时，也使得文化成为一个无所不是而又没有自己确定

① ［英］托尼·本内特：《文化与社会》，王杰、强东红等译，广西师范大学出版社2007年版，第203页。

② ［英］托尼·本内特：《文化与社会》，王杰、强东红等译，广西师范大学出版社2007年版，第204页。

内容的空洞术语。仿佛一切都可以是文化，而文化可以是一切，这就消解了作为一个独特领域范畴的存在意义。其次，霍尔将文化作为“不同的分类系统和话语结构的综合”，通过构建社会关系的语言和表征机制运转，但是霍尔却无法解释清楚这些机制运转的条件和过程，对文化在组织社会行动者的行为时所发挥的组织和管理作用置之不理。霍尔为文化打开了一扇通向无限可能的窗口，在那里，文化作为社会治理的工具和目标将发挥实际的作用，但是霍尔并未采取这关键的一步恰恰相反，他仅停留在将社会看作由语言建构而成这道起跑线上，在本内特看来，这对于文化研究的实际效用来说是没有用处的。

本内特认为，相较于霍尔，尼古拉斯·罗斯的技术建构理论对文化的治理性有了更多的关注。罗斯在《探究自身：心理学、权力和人格》一书中指出，人不仅建立了与他者的关系——社会结构，也建立了与自己的关系——人格或者叫“主观化”，对主观化的研究和理解必须放在具体的社会历史条件下进行，因为脱离具体历史环境而进行的抽象归纳是没有意义的。他说：“通过把主观化置于一个普遍的意义域或者一个相互作用的叙述语境中，它并不能被理解，但是在一个复杂的组织、实践、计划和集合的过程中，人类能够在里面被塑造，还能预设和享受同自己的特殊关系。”[①]

罗斯认为，在主观化构建的过程中，文化作为一种治理性技术发挥了至关重要的作用，从根本上规约着人格的形成。罗斯所谓的“文化作为治理技术”，是指通过文化的各种因素如艺术、道德、专业知识、习俗、规则等，对人类进行管理和组织，以达到使人类更积极地参与对自身的管理与监督之中的目标。“一种艺术和技术的整体能把思想、感情、力量、人工制品和技能联系起来，它们不仅

① ［英］托尼·本内特：《文化与社会》，王杰、强东红等译，广西师范大学出版社2007年版，第206页。

能够制作和操纵,更根本的是,能安排这个整体的存在,设计它,生产它,并且作为一种以特定方式追求的某种存在,使它能够转变为现实"①。

罗斯特别指出,专业知识作为文化因素中突出的技术手段,在社会构建和人格构建中发挥着重要作用,因为专业知识的获取具有实证性、科学性和权威性,能够使大众相信它所言是正确的,从而使大众自觉服从它的引导,规范自身的行动。例如作为专业知识的心理学,"使用专门知识意味着,把心理学知识提供给一群训练有素、能够授予证书加以证明的人,他们对个人和人际关系进行管理方面拥有专业特长,还拥有一些技术和手段,使得在工业、军事和更普通的社会生活中进行合理、人性的人力资源管理成为可能"②。罗斯补充道,这些专业知识需要同特定的政府机构和政府规划结合起来才能发挥效用,它们不是无立场的,而是处于一定机制之中的,根据一定的治理任务和目标被问题化、理论化。例如,电视电影和广播等传媒领域需要有审查和管理的专门知识,图书、报刊等发行领域需要有规范的专门知识,这些专门知识被置于特定的技术组织之中,从而成为特定的技术形式。也就是说,文化必须同政府的治理计划结合起来,因为政府机制提供了文化得以存在和发挥作用的社会层面。罗斯的这些观点得到了本内特的赞赏,但是本内特也指出,罗斯在将文化与治理性进行融合的同时,又犯了将文化消解为"无固定领域"的错误,从而使文化概念无法与治理性真正匹配。

因此,文化治理性并非如霍尔主张的,是对社会交往的语言建

---

① [英]托尼·本内特:《文化与社会》,王杰、强东红等译,广西师范大学出版社2007年版,第208页。

② [英]托尼·本内特:《文化与社会》,王杰、强东红等译,广西师范大学出版社2007年版,第207页。

构;也并非如尼古拉斯·罗斯所理解的是单纯性技术建构,而是将文化与社会都做了话语还原之后对两者关系的历史性重构。在这里,文化与社会都是一些具体的历史关系集合,任何一方的内涵都不是固定不变的,文化与社会构成了一系列变动不均的问题星丛或者场域。一方面,文化可以通过自我技术发挥作用,允许个体以特殊方式调节自己的思想行为,达到幸福完满的生存状态。另一方面,"文化又不同自我技术以及符号技术一样共同发展"[①],因为不同社会历史语境下将产生不同的自我技术。对本内特而言,"文化是一套系统的知识、技术和组织,它——通过与权力技术相关的符号技术系统所发挥的作用以及通过自我技术的机制的运作——以一种独特的方式对社会交往起作用,并在这种关系中与其结合"[②]。由此而言,文化的治理性应该成为文化研究的关注重点,文化研究需要就文化技术对社会产生的影响,影响产生的具体方式以及效果等问题展开分析。如此一来,文化政策在文化研究中获得更为核心的地位就是必然的了。

第三节　将政策引入文化研究之中

"政策"在英语中的单词为 policy,它与"警察""管制"即 police 是同源词,都来自于希腊语 polis,而 polis 意指国家、城市。在希腊语中,"城市"等同于"国家",对国家进行管制的人称为"警察",而对国家进行管制的规约即为政策。因此,"政策"天生的具有与政治的密切联系,它不仅仅是一种中立性的技术手段,更是不同话

① [英]托尼·本内特:《文化与社会》,王杰、强东红等译,广西师范大学出版社2007年版,第212页。

② [英]托尼·本内特:《文化与社会》,王杰、强东红等译,广西师范大学出版社2007年版,第214页。

语、意识形态和利益之间较量的政治立场的表达。文化政策问题,涉及到不同社会群体之间文化利益的分配问题。

对于文化政策的研究,是一个相当广泛的领域,也是不同向量和目标规约下的庞大智囊体,正如我国学者方彦富在《文化政策研究的兴起》中所总结的,文化政策研究的兴起始于 20 世纪 70 年代,包括三个不同的维度:一个是经济视域下的文化政策研究;一个是政府行政视域下的文化政策研究;最后一个是文化研究视域下的文化政策研究。第一个维度主要是经济界学者从文化政策导向的经济目标和经济利益出发进行的研究;第二个维度是政府机构的行政工作人员从文化发展规划、发展目标、文化事业及文化产业的组织、协调和监督等方面出发进行的研究;第三个维度是文化研究者围绕文化实践与意识形态和权力之间的复杂关系进行的研究。

前两个维度中的文化政策研究几乎毫无争议地取得了人们对其重要性的认可,许多专家纷纷投身这一领域,产生了丰富的学术成果并向稳步向体制化迈进,前后成了多个专门的研究机构,例如英国格拉斯哥大学的文化政策研究中心、德国的文化政策研究所、意大利的文化与社会政策研究所等等。但是文化研究维度中的文化政策研究却始终面临着很大争议,因为在许多文化研究学者看来,政策研究是官方的事情,从事文化政策研究意味着站在政府的立场上说话,这将导致理论家丧失自身的独立性和批判锋芒,丧失对底层人民文化状况的关注,沦落为统治阶级意识形态的同谋者。在这一片反对浪潮中,本内特则冒天下之大不韪,积极倡导将政策引入文化研究之中。

实际上,在文化研究的视域下从事文化政策研究并不与文化研究本身相矛盾,作为关注意识形态和权力散播体系的文化研究,不能只停留于对作为社会体系终端的文化实践的分析和对文本的政治分析,必须也对文化行为产生影响的顶层制度和文化权力进行研究,"因为文化政治的核心在于政策制定,制度性安排左右了文化生产和文化管理"①。

本内特这样阐释文化政策研究与文化研究的关系:首先,文化研究必须将政策问题纳入自身问题域,才能改变文化研究正在陷入的僵化局面,延续自身生命力,促进学术脉络的发展而有用于社会,"一个不阐述现代社会中随着管理和经营变化而不断发生变化的文化问题的研究,在其历史解释力和理论包容性方面,将很大程度上陷于困境"②。其次,文化研究为理解和探索文化政策提供了良好的空间,文化研究所具有的反思性视野对理解文化政策在构成现代社会特征的政府和文化间关系时具有重要作用。比如,"在组织特殊的政策领域中具体的文化话语所发挥的作用;这些作用被连接到更广泛的社会管理目标的方式和路径;文化资源被用于执行社会和政治任务时表现出的意义;批评话语被转换进政策过程和行政管理机制的方式;被各种不同政治团体运行获得的政策结果的社会基础,等等"③。因此,文化政策研究不同于单纯的政府政策研究,它必须依托文化研究传统为理论基础。最后,文化政策问题的研究,目的在于使在政府机构工作的知识分子和在文化研究机构工作的知识分子有效地连接起来,达成两者之间的生产性合作,从而促进文化的生长和人类生活状况的改善。

本内特多次声明,将政策引入文化研究之中,并不是用政策研究替代文化研究,或者将文化研究等同于政策研究,"毕竟文化研究中的许多议题并不需要——至少不是以直接或立即的方式——

---

① 方彦富:《文化研究政策的兴起》,《福建论坛(人文社会科学版)》2010 年第 6 期。

② Tony Bennett, *Culture: A Reformer's Science*, Sydney: Allen & Unwin Pty Ltd, 1998, p4.

③ Tony Bennett, *Culture: A Reformer's Science*, Sydney: Allen & Unwin Pty Ltd, 1998, p4.

采用政策的视角。同样的,文化政策研究的存在现状也是芜杂不齐的,决不能被还原成曾对文化研究其他领域作出过贡献的理论传统,文化政策有自己独特的研究路径,比如在艺术管理和文化经济方面"[①]。本内特的意图是,改变传统文化研究对政策研究的歧视,改变将政策研究看作缺乏理论或政治兴趣的狭隘务实活动的态度,将政策问题置于文化研究的核心,采用政策视域来阐释文化与权力的关系。

本内特的文化政策研究有两个显著特点:一是有别于传统文化研究"自下而上"的理论路径,实现了"自下而上"与"自上而下"研究方法的结合。传统文化研究采取"自下而上"的研究路径,通过对下层人民的文化状况和文化需求的分析,达成对统治阶级文化的反抗,也就是说在自下而上的方式中,文化问题根据它的后果、影响以及它可能引发的反应来考虑。而本内特的主张与此不同,因为政策是对群体之间利益的分配与关系的协调,超越了个性行为而上升为政府意志,因此文化政策的分析要以全部社会人口为着眼点,要与社会整体规划和公共程序相协调,满足最广大人民的根本要求。所以,文化政策研究必须采用宏观统筹的视角。

但这不是说本内特忽视了对底层人民文化状态和文化生命力与创造力的关切,而是说文化政策的研究需要注重社会不同层级之间、局部与整体之间的有效配合,用科学的程序和健全的制度保障底层人民的真实诉求得到尊重与满足。正如本内特所说:"文化研究提供的文化政策与现代治理形式之间是一种相互依靠的关系,'自下而上'的政策通常由'自上而下'的治理方式制定。文化形式和文化实践如何被政治化,文化的政治化如何被表达,这些都

① Tony Bennett, *Culture: A Reformer's Science*, Sydney: Allen & Unwin Pty Ltd, 1998, p. 4.

需要根据文化形式和实践被指导形塑的治理后果来回答。”[1]在这样的语境中，本内特用“文化技工”来描述知识分子的政治功能，认为知识分子不是置于文化政策之外的旁观者，而是处于一定的文化政策之中。运用一定的技术去修正、治理文化的工人，他们既不站在文化政策链条的上端，也不站在下端，他们本身就是链条的每一环。因此，针对“文化与媒介政策研究中心”的第二任主任汤姆 · 奥里根就文化政策研究上下路径问题上的批评，本内特反驳道：“奥里根忽视了这个方面：那些看起来是自下而上方式的支持者们，不过是治理性建构的产物和组成部分。”[2]

本内特文化政策研究的第二个特点有别于传统文化研究将文化政策与文化批评对立的做法，而是实现了两者的有机融合。传统文化研究认为，从事政策研究意味着与主流意识形态的媾和和批评立场的丧失，因为政策论争无助于社会矛盾和问题的揭露，无益于人类状况的改善，因此文化研究应该将批评与政策严格区分开来。本内特拒绝对文化政策与文化批评做过于精细的区分，他认为这二者之间的关系是相互开放的。文化政策和批评并没有被永久性的固定住，它们是互渗的系统，它们足够开放以能允许转换、合并和转移，允许大量文化实践和成分相互流动。例如，像“社会阶级”和“压迫”这样的词汇或许不会进入政府政策的语汇中，但是如果没有这些词汇在可信释义系统中的真实社会存在，任何致力于保卫平等和机会的政策都将在权力体系中被抹杀。对于压迫的认识组成了政策目标的进程。文化政策和批评是社会生活的不同形式，它们二者彼此需要，它们使用对方的话语并重新组构。

---

① Tony Bennett, *Culture: A Reformer's Science*, Sydney: Allen & Unwin Pty Ltd, 1998, p. 198.

② Tony Bennett, *Culture: A Reformer's Science*, Sydney: Allen & Unwin Pty Ltd, 1998, p. 200.

在文化研究的传统中，之所以将批评与政策作为对立的两极，是因为研究者认为，文化总是内在的与政策制定的世俗过程不相容，文化超越于这个过程。本内特认为，这无疑是阿多诺式浪漫主义的遗产，为文化领域塑造出了批评与政策两极。当注重社会研究的美国学者保罗·拉扎斯菲尔德尝试着将法兰克福学派尤其是阿多诺的批判理论运用于广播研究时，遭到了阿多诺的激烈反对，阿多诺认为文化处于一种无法被精确测量的境遇中，文化所具有的审美属性无法与政府统计结合在一起，文化与行政是截然相反的两极。

本内特指出，在阿多诺的理论中，尽管文化与行政看起来是那么的不相容，实质上，两者却在特定的历史环境中不可分割的相互纠缠在一起。一方面，阿多诺宣称文化是反抗行政管理的，文化更高级、更纯粹，不能被任何策略性的或技术性的考量所包纳，文化是独立自主的，是未考虑任何功能关系的纯粹人性的显现。另一方面，在《文化与行政管理》这篇文章的开头，阿多诺却又写道："不论是谁，不论有意还是无意，谈论文化的同时也在谈论行政管理。很多事物的联合缺少一个共同的名称——如哲学与宗教，科学与艺术——最后，是一个单独的词'文化'从行政管理的视角，泄露了一个时代的精神。"[①]文化与行政管理作为两个实体，基于相反的理论标准，当追求有用的东西在其效用暧昧不清的情况下，作为实体的文化嘲弄着有用东西的纯粹效用的失败。阿多诺承认，"让文化创造者从管理过程中撤退并与之保持距离是一个空洞的口号。因为这样不但会剥夺文化创造者谋生的手段，而且会剥夺艺术作

---

① Tony Bennett, *Culture: A Reformer's Science*, Sydney: Allen & Unwin Pty Ltd, 1998, p. 197.

品与社会间的联系”[①]。文化在抨击所有机制的、官方的东西的同时，也依赖于制度的、政策的支持。

本内特认为，阿多诺的理论中具有内在的矛盾和张力，然而他本人并未发现任何超越这种张力的方式能使文化既不批评也不依赖于官方行政管理。阿多诺所能期望的，只能是在文化领域当中管理形式的发展，和文化政策研究的合法化与深入化。本内特认为，在《文化与行政管理》这篇文章的最后，阿多诺关于文化政策的观点已经表达得相当明晰了：名副其实的文化政策必须尊重它将要管理的实践活动的特定内容，必须基于对在最本质上反对规划的实践领域被规划操作时含有矛盾的认知，必须发展出对自身局限的批评知识的清醒认知，也就是说，文化政策的制定必须促进大众的文化权益。从对阿多诺的分析中，本内特证明：批评并未随着文化政策的发展而死亡，事实恰好相反，批评与文化政策水乳交融，成为生活的共同组成部分。“文化政策问题有可能以这样的方式被提出：管理形式所针对的不同政治效果，它与不同政治价值的关系，它对不同政策主体的意义，等等。这将不再把我们置于文化与政策的对立中，这不意味着批评的死亡，只要批评家不是站在超越性的立场上。”[②]

本内特在进行文化政策理论研究的同时，也积极推进文化政策研究的建制化，1983 年他于澳大利亚格里菲斯大学设立“文化与媒介政策研究中心”并担任首任主任。利用中心的资源和政府的支持，本内特开展了一系列卓有成效的研究，对澳大利亚的文化表征、日常文化实践，电视电影及广播节目，土著和白人之间的文

---

① Tony Bennett, *Culture: A Reformer's Science*, Sydney: Allen & Unwin Pty Ltd, 1998, p. 197.

② Tony Bennett, *Culture: A Reformer's Science*, Sydney: Allen & Unwin Pty Ltd, 1998, p. 199.

化隔阂与交流,土著文化权益的保护以及博物馆、艺术馆、美术画廊等公共机构的运行机制等问题作出了详尽的调查研究。在刊载于《澳大利亚的文化:政策、公众和规划》一书的《当代澳大利亚的社会阶层和文化实践》一文中,本内特通过问卷调查的形式,对各种专业技术人员、销售人员、经理以及普通店员等2756名澳大利亚成年人的日常文化状况进行了访问,结果发现在这些群体中出现了明显的文化分层:年长的、较少受教育的、郊区的以及低收入的群体更倾向于从邻里之间选择朋友,对长途旅行不感兴趣;而年轻的、受过高等教育的、城市的以及高收入的群体,则更喜欢从同事中交朋友,喜好跨境旅行,具有更广泛的文化兴趣和文化活动。因此,本内特论述道,澳大利亚民众的文化实践和文化趣味,与其所属的阶级所具有的经济、社会和政治权利紧密结合在一起,文化政策的制定必须体现和保护不同社会阶层群体的利益。

虽然本内特关于文化政策研究的主张时至今日依然是个充满争议的话题,反对的声音从未间断过,但是他的支持者也越来越多。在从澳大利亚到英国、美国甚至南非等许多国家中,文化政策研究获得了日益增加的认可。例如,英国学者吉姆·麦圭根出版了《重新思考文化政策》,指出了文化政策研究的必要性;澳大利亚的文化研究学者克里斯·巴克在《文化研究:理论与实践》中高度评价了本内特的文化政策研究。正如本内特自己所说:"我所说的文化政策论争在以下两个方面是富有成效的:第一,至少在澳大利亚语境中,在促进文化研究机构知识分子和文化管理机构知识分子的合作方式的新发展中,政策论争起了重要作用。政府要努力回报纳税人对它的支持,这也与人文学院中的普遍要求结合起来。第二,虽然我的主张不会得到文化研究领域中绝大多数人的支持,但获得了相当一部分人的支持,尤其是我正确地分析了目前环境的变化时,情况更是如此。政策论争是文化研究中已然显现的两种分离倾向的症状表现——接受改革计划的倾向和坚持革命与抵抗的倾向。政策论争是对这种分离的进一步催化,政策问题目前已在文化研究中得到了中肯的认可。"[1]

第四节　发掘文化机构的政治理性

本内特的文化政策研究并不是单纯通过意识形态的或表征的一般机制进行运转,而是通过具体的文化机构发挥作用。本内特所谓的文化机构主要是指博物馆、美术馆、画廊、图书馆等,他将之称为"文化联合体"。通过这些文化联合体,用特定的知识、原则和技能将各种各样的文化资源进行组织、整合和转化,生成不同的可操作的治理程序和手段,作用于人们的内心世界及行为规则,促进新主体的产生,从而达到对社会的治理目的。

在对"文化联合体"的研究中,本内特并没有局限于对文化机构运行机制的表层考察,而是以文化研究为路向,深入分析了文化机构的"特殊政治理性",这即是说,文化机构构成了"有利于权力施行的有特色的特定方式,生成了它们自己的政治问题与政治关系的具体领域,而不是构成了一般权利施行的场合"[2]。本内特对文化机构政治理性的解释可以总结为三个方面:第一,在对象设定上,文化机构原则上对所有人平等开放,无歧视地对待全部社会成员,但事实上,文化机构却运用种种手段去管理和筛选大众,使他们在文化机构中的所作所为有别于在超级市场、户外集会时的行为举止。例如,穿着干净得体,举止文雅的公众被认为是适合进入文化机构的,而衣着邋遢、大声喧哗、随地吐痰或者吃东西的公民

① Tony Bennett, *Culture: A Reformer's Science*, Sydney: Allen & Unwin Pty Ltd, 1998, p. 191.

② [英]托尼 • 本内特:《文化与社会》,王杰、强东红等译,广西师范大学出版社 2007 年版,第 218 页。

则被认为是不受文化机构欢迎的。从这一点上说，文化机构成为了区分大众的有效工具。第二，在身份认定上，文化机构将公众作为权力的主体和行使者，为公众能够全面占有、充分享受文化资源提供技术支持和智力帮助。但是文化机构作为知识的生产者和组织者，与作为受动者的公众形成了不平等关系，在实质上发挥教育、引导公众的职能。第三，在表征机制上，文化机构致力于体现人类普遍性，表达人的情感、愿望，展现对人类的终极关怀。但具体到每个文化机构中，不论它讲述哪个主题，采用哪种形式，都会或多或少表现出性别、阶级、种族上的偏见和选择，因此文化机构的表征从来都是不充分、不完整的，需要不停的改革与补充。

文化机构特殊政治理性的发掘是本内特进一步放弃葛兰西霸权理论、转向福柯理论的表现。本内特说："在通常所说的葛兰西主义的范式那里，由于一旦文化机构被描述为统治阶级霸权的工具，那么文化机构就会易于被看成服从于一般形式的文化政治——这种文化政治在批评那些支配了文化机构展览的主题的霸权的意识形态表述方面，寻求铸造有能力组织一种反霸权的新的表述。这种表述的困难是，它们对由文化机构的特性构成的政治关系的独特领域考虑不够。换句话说，葛兰西式的政治学习惯地对那种方式不关心，而在福柯式的视角，这种方式可以有用的调和与认证。"①

文化机构特殊政治理性的提出，使本内特发现了文化机构和其它意识形态国家机器的不同，他以博物馆为例，从博物馆的发展历史、展览原则、空间设计等方面对文化机构在文化治理中效能的发挥进行了分析。

采用福柯的方法，本内特将知识划分成文艺复兴、古典主义和

① ［英］托尼·本内特：《文化与社会》，王杰、强东红等译，广西师范大学出版社2007年版，第220页。

现代时期三种形态，而这三种形态的知识与博物馆的历史具有对应关系。文艺复兴知识出现在16、17世纪，以弘扬人文主义、追求真理为特征，人们从神学的桎梏下解放出来，以自信的态度观察世界，努力发现世界表象之后的真实本质。这一时期的博物馆形态表现为欧洲出现的各种各样的珍宝柜，这是一些贵族、商人、学者、艺术家等的私人收藏空间，他们或者为了展示自己的地位，或者为了兴趣爱好，或者为了学术研究，收藏包括动植物标本、雕塑、画作等在内的各种自然物品和人工制品，形成一个世界的微观化缩影。这些珍宝柜并不是真正意义上的博物馆，但却是现代博物馆的雏形，"许多会雇佣代理或'馆长'，获得展览物品的出身名门的商人和学者。奇珍橱柜一般会发布清单——博物馆目录的先驱。有些拥有保护者，即雇佣艺术家来修复破损的物品"[①]。18世纪是古典知识时期，对理性的热烈追求带来了科学知识的日益精细化和系统化。珍宝柜为规模更加扩大的珍宝库取代，藏品的存放有了更多的考究，首先是自然藏品和人工藏品被分开存放，其次是藏品的布局按照某种规则进行，以体现一种历史发展过程。

文艺复兴时期和古典时期的博物馆只对某些特殊的人开放，虽然作为专业资源允许包括学者、艺术家以及其他工匠在内的人物来参观，但最主要的拥有者和参观者是王族和权贵，普通民众被排斥在外，这就使得博物馆成为一个封闭的社会空间，成为王权的象征和展现。正如托马斯·考夫曼指出的："统治者在形成其无所不包的收藏时，可能不仅仅通过财富的炫耀来确立其在人世间的过人之处。拥有一个微观形态的世界，他就象征性地重现了他对一个更大的世界的驾驭……他或许相信，在其收藏中有一个宇宙

① [美]珍内特·马斯汀:《新博物馆理论与实践导论》，钱春霞等译，江苏美术出版社2008年版，第28页。

的剧场,他就可以掌握和控制一个更大的世界了。"[①]统治者用博物馆彰显自身的权力和智慧,迫使民众敬畏和遵从王权。

19 世纪以后是现代知识时期,资产阶级成为国家的主导力量,一方面,控制和镇压仍然继续;另一方面,民主和自由成为社会的发展趋势。这一时期,欧洲各国现代意义上的公共博物馆发展起来,逐渐敞开大门,对公众开放。这种开放的时机虽然各不相同,如法国卢浮宫博物馆是通过大革命猛烈实现的,而英国大英博物馆则是逐渐改革的结果,但是到 19 世纪中叶,博物馆对公众的平等开放成为各国的共识。

本内特指出,博物馆的发展历史与福柯考察的监狱的同期发展史恰好相反。在 18 世纪以前,监狱、收容所是相对可渗透的机构,它们的边界并不是特别固定,其内的人员并没有被完全封闭起来,对犯人的惩罚乃至行刑是暴露在公众面前的,以此震摄公众和展示权力。19 世纪之后,监狱被从社会生活中隔离开来,被高大的围墙所封闭,内部被分成许多狭小而利于监视的空间,民众无法接触到对犯人的处罚。与此相反,18 世纪之前的博物馆相对普通公众而言是封闭和神秘的,19 世纪之后"博物馆将先前从公众视野中被隐藏的物品置于开放与公共的语境中"[②]。不论在实践层面还是观念层面上,博物馆都不再是隔离大众的场所,而是融合各阶层大众的公共文化机构。本内特认为,在现代民主时期,博物馆取代了监狱,成为新的向大众展示权力的机构,但是博物馆的权力运行方式不同于监狱,它不是将民众看作权力的客体,通过镇压和暴力的手段、强制的方式将人民规训成异己而服从的群体,而是通

① [美]大卫·卡里尔:《宫廷、修道院和城市》,托马斯·考夫曼:《博物馆怀疑论——公共美术馆中的艺术展览史》,丁宁译,江苏美术出版社 2009 年版,第 68 页。

② [英]托尼·本内特:《文化与社会》,王杰、强东红等译,广西师范大学出版社 2007 年版,第 222 页。

过将人民看做权力的主体,诱骗人民成为权力的共享者,从而将人民置于自己的立场中。

因此,博物馆对公众的需求表现出极大的尊重和让步,它彷佛一个舞台,上演着关于民主与权力的复杂舞蹈,埃里克·盖博对于蒙蒂塞洛历史博物馆的研究可以充分证明这一点。蒙蒂塞洛是美国第三任总统托马斯·杰斐逊的种植园,种族问题是那里颇受关注的一个议题,而关于杰斐逊与黑人女奴萨利·赫明斯的关系则成为与此相关的主题中最被关注的一个话题。根据美国官方的历史,赫明斯只是杰斐逊一个女儿的贴身仆人,而公众则普遍怀疑赫明斯是杰斐逊的情人,并生育有多个子女,这些子女的后裔是现在的非裔美国人伍德森家族。许多来蒙蒂塞洛参观的群众会就此问题向讲解员提问,并希望在博物馆中发现某些隐蔽的遗迹对此作出证明。蒙蒂塞洛的讲解员最初被要求就杰斐逊与赫明斯的非法关系作出明确的否定,以此来维护杰斐逊的声望。但是这种做法并不能让观众满意,观众对官方历史给出的回答充满怀疑。此后,讲解员不再就此问题做出明确解释,而是引用历史学家及权威考古学家的研究作间接的暗示,表明杰斐逊很有可能是清白的。但是非裔美国人参观者数量的稀少让博物馆方面充满担忧,为了吸引观众,他们邀请非裔美国人来蒙蒂塞洛作公开演讲,并提供关于杰斐逊时期非裔美国人进步的或正面的故事,制作非裔美国人喜爱的纪念品,最重要的是策划举办了伍德森家族再聚首的活动,而这无疑是对杰斐逊与赫明斯情人关系的默认。对此,盖博论述到,蒙蒂塞洛博物馆的发展历程说明,公众历史展现在博物馆内的形象成为专业历史学家和普通大众之间协商的产物。一方面,博物馆努力创造和传播官方历史,另一方面,博物馆又试图赢得观众的自愿参与来创造民主,因此它创造的历史就成为多方妥协与变形的历史,而观众由此感受到了民主的权力。

本内特指出,博物馆所彰显的与观众实现权力合谋的意图在博物馆与社区的关系中也能得到很好的说明。“社区”这一概念，在英语中的用法与汉语有些不同，在英语中是指居住在共同地理区域的有着共同价值追求的社会群体。同一社区群体或者拥有共享的历史和文化经验，或者拥有特殊的知识，或者在国家、地区、性别、年龄和种族等方面拥有共同的身份特征，或者对其他社会群体共同排斥。按照本内特的说法，社区这一概念“带有沉淀在今天用法中的历史意义，它指的是某些反对特权地位阶层的普通大众，它的凝集力在于对普通生活中共同身份的理解。社区含有对与它所对立东西的谴责”[①]。

现代博物馆与社区之间的关系是紧密的，博物馆既向社区群体提供藏品展览，也鼓励社区群体参与博物馆活动，从而赋权给社区居民，以促进社区的自我发现和发展。博物馆提供的活动多种多样，包括座谈、表演、舞蹈、歌曲乃至共同用餐等等，“在这样的过程中，展览和活动以动态的过程被连接在一起，这样就使许多的声音和观察视角参与进来。此时知识不再是整体的和单一化的，而是片段的和多义的。在所呈现的众多的视角、体验和价值观中，博物馆的声音只是其中的一种”[②]。博物馆为社区群体提供了一种资源，帮助社区群体实现了对自我的发现和认识，由此，社区居民可以以更加规范的，有意识的方式参与自己的文化。与此同时，博物馆与观众合谋的关系也更加紧密了，例如那些涉及民族志藏品的博物馆，在面对具体问题时，通过采用与相关社区协商的方法，采纳社区群体自己的解决方案，使社区群体体会到自己成为文化权力的主体而不是客体。“因此博物馆修辞地将无区别的公民并

---

① Tony Bennett, *Culture: A Reformer's Science*, Sydney: Allen & Unwin Pty Ltd, 1998, p. 201.

② 方华：《政策和公众需求与当代英国艺术博物馆的管理》，中国美术学院博士学位论文，2010年。

入一套好似呈现为从自身生发出来的权力——知识关系之中，这样博物馆作为资产阶级民主社会的自我展现的重要工具而出现了"①。

从上述对博物馆发展历史的梳理中，本内特解读了博物馆政治理性中矛盾的一个方面，而另一方面需要通过对博物馆展览原则和空间设计的分析进行阐释。

藏品的选择和展览体现了博物馆对知识生产的操控，本内特说："（展览）原则支配了博物馆展览物品的安排和主体位置的安排，这些都是为了博物馆构成和面对自由的、形式上平等的新公众而形成的。"②在16、17世纪，文化被认为是社会生活中沉淀下来的精粹的东西，因此博物馆藏品的选择和排列完全按照审美的原则或者典型的原则进行，珍贵的、稀有的、经典的自然物品和人工制品被挑选出来摆放在一起，它们之间并不需求逻辑上的联系，只是作为某类物品的代表被聚集，显示世界的丰富多彩和主人的品味与财富。

而19世纪之后，精英色彩的文化概念逐渐退场，人类学意义上作为日常生活的广义文化概念流行开来，博物馆对藏品的选择和陈列呈现出新的面貌。就藏品选择来说，在欧美国家发达的城市中心，博物馆聚集了来自非洲、亚洲、澳洲、南美洲等地区的动植物标本、矿石、人种学标本、艺术制品，使得分散在不同时间和地域的物质证据被集中在新的语境和视野中，从而使得大都市的博物馆成为世界的缩影。博物馆所拥有物质材料的完整性、系统性远远胜过任何一处原产地，它将自然次序的整个序列聚拢到一个地

---

① [英]托尼 · 本内特：《文化与社会》，王杰、强东红等译，广西师范大学出版社2007年版，第228页

② [英]托尼 · 本内特：《文化与社会》，王杰、强东红等译，广西师范大学出版社2007年版，第225页。

方,由此,知识得以比较、整合、归纳与提炼。博物馆成为世界知识的生产中心,正如本内特指出的,“到19世纪末,在主要的国家收藏中,博物馆成了新知识形式的孵化器”[1]。

丹麦国家博物馆首席馆长汤姆森在整理博物馆杂乱的藏品时,根据材质将馆藏古物划分为石器、青铜器和铁器三个组别进行陈列,由此人类史前历史被划分成石器时代、青铜器时代和铁器时代,开创了影响深远的“三期说”。随着考古学对人类文明早期遗迹的发掘和物质证据的获得,基于书面文字记载的历史被质疑和挑战,而依据视觉、触觉这些直观物质证据分析得到的历史知识被赋予更多的可信性和权威性。法国的布歇·德·彼尔特根据发掘古物的地层状况将人类历史前延了数万年,从而将人类时间与地理时间联系起来。在人类史前的历史被推断和构建起的同时,地层学、生物学、人类学等各门学科都在快速发展。“类型学将物品置于可认证的时间框架之内,使其有用地成为历史的证据。工艺学关注技术特征,构建每种产品的自然与文化的成分,给每种物品指派特定的功能;地层学增加了另一维度:物品被同时的局部与整体的沉积物现象的作用埋藏。每种物品的每种遗迹注定在一般分层的过程中找到自己的位置。”[2]

博物馆将不同时空坐标中的物品重叠在一起,为新知识的发展提供了一个实践场所,与此同时,博物馆“作为努力将历史科学的信息传输给大众的公共教益的机器”[3],对藏品的展览陈列也采取了新的分类原则。本内特指出,“物品不再如传统的博物馆规则

---

① [英]托尼·本内特:《文化与社会》,王杰、强东红等译,广西师范大学出版社2007年版,第268页。

② [英]托尼·本内特:《文化与社会》,王杰、强东红等译,广西师范大学出版社2007年版,第273页。

③ [英]托尼·本内特:《文化与社会》,王杰、强东红等译,广西师范大学出版社2007年版,第280页。

中一直所是那样，具有可以依靠的独特性或唯一性，而是可替代性——即，它的替代发展系列中表征了某个阶段的其他同类物品的能力。博物馆的物品既是可移动的又是可重复的，以至于他有能力接受一个新的角色，成为扩展的博物馆网络的部分……不管什么样的文化原产地，通过授予物品表征着发展的相同阶段的角色，类型学方法在其他不同物品之间构建了一个等时代系统，这允许他们在收藏之间流通，并且通过填补缺口来构建完整的进化序列，弥补了总在其他方面发生的缺口"①。因此，物品的可替代性胜过了独特性，在场性胜过了唯一性，一切都被嵌入时间的洪流之中，成为进化序列的组成部分。从19世纪开始，不论综合类博物馆、艺术博物馆还是自然历史博物馆，都经历了展陈方式的变更，藏品或者被更换，或者变化了展览位置，以此用空间之物把时间之线连接起来，组成进化等级秩序，形成对宏观世界发展历史的微观表征。

当这些微观表征被封闭于透明橱窗中置于公众面前时，便成为了对公众进行教育的话语，促使观众实现进化论里的自我治理。公众直观地感受到了进化序列的发展脉络，而他们自己则位于进化链条的顶端。通过对于进化链条的直视，公众看到了自我中两个对立的方面，一个是远古的、未开化的野蛮自我，蒙昧而无知；另一个是现代的、进步的文明的自我，理性而智慧。前者是破坏性的力量，而后者则是建设性力量。博物馆为公众提供了反思这两种自我的空间，它通过生产与安排两者间的张力，以支持后者的方式征服前者，达到对自我的管理。本内特指出，"在此对立中，天生的古老的侵犯冲动被后天社会文化存在的束缚所调节，只有使积累的文化成果在自我身上运转，由此以迅速提升到最高水平的文明

① ［英］托尼·本内特：《文化与社会》，王杰、强东红等译，广西师范大学出版社2007年版，第279页。

的手段将积累的文化成果装备与每一代人身上,社会发展(作为继续进行的、增加的逻辑过程)才成为可能"[①]。

本内特指出,博物馆物的秩序的安排体现了对公众的教育与引导,而博物馆的建筑空间设计则便于对公众进行监视和管控。

就建筑空间布局而言,狭小的空隙、阴暗的拐角、过多的廊柱都不同程度地构成了封闭的私人空间,为公众不良行为的滋生提供了便利条件,正如有些古老的大教堂那样,包含着许多小间隔,"当我和大家同时进入大教堂时,我已经看到类似糟糕的情况,并且注意到多个团体进入时,两个人一群,三个人一组,还有六个人在一起,只有一个管理教堂的女仆督导这一群人:结果是,他们分散在大教堂里,只要愿意,他们可以泰然自若地折断圣像的手指、脚趾,甚至打碎它的脑袋"[②]。而宽大、开敞、通透空间则成为完全公共的空间,所有人的行为都将处于别人的观看之下,从而最大程度地避免了不良行为的发生,督促每个个体的自我控制和约束。因此,现代的博物馆多采用这些开敞、灵活、连贯的无柱大功能空间布局,用一个较大的门厅连接起数个规模相似的中厅和展厅,注重视线在水平和垂直角度上的无障碍流通。例如,德国的科尔巴赫博物馆,在陈列室之间采用大面积的透空幕墙保持视线的联系。而英国大英博物馆的圆形阅览室则更是阔大到极致,圆屋顶直径达 140 英尺,高 106 英尺,整个建筑的内部空间达 125 万立方英尺。这些开阔的空间使监视变得容易,管理人员的数量减少了,但对观众的控制效果却提高了。

同时,在阔大的展览空间中,博物馆放置了各种类型的宣传

---

① [英]托尼·本内特:《文化与社会》,王杰、强东红等译,广西师范大学出版社 2007 年版,第 284 页。

② [英]托尼·本内特:《文化与社会》,王杰、强东红等译,广西师范大学出版社 2007 年版,第 250 页。

册，用以向观众简要介绍展品，提供基本的知识。在展品旁边，配有简短的介绍标签，向观众说明该展品的时代、产地、属性等等。同时，经过培训的服务人员随时回答观众的提问，向观众提供有关展览的合适信息。通过这种良好环境的营造，博物馆的观众感受到自己被鼓励、被优待、被提供帮助去接近人类文化的精粹，从而他们的行为举止变得得体起来。

正像本内特指出的，如果说 18 世纪对民众的治理主要体现了“与控制理念相联系的人口观念，即努力促使穷人工作，在保障他们生计的同时，也能够增加国家财富和实力”[①]。那么从 19 世纪开始，自由主义政府对民众的治理则体现了一种道德的规约，不是制定法令禁止民众酗酒，而是用博物馆取代酒吧在大众生活中的作用，让人们不再经常去也不愿去酒吧消磨时间。在节假日，民众携儿带女到博物馆参观，在与藏品的接触与交流中，民众情绪上、智力上、情感上各种先在的态度悄然发生着改变——他们懂得了保持节制、追求道德、养成良好的习惯、举止文雅、勤俭努力，他们被培养成有利于社会发展和进步的“谨慎的主体”。

由此，本内特阐释到，博物馆等文化机构是自由主义政府实现社会管理与控制的新形式，“它以公民拥有一定程度的自由和自治的设想为依据，通过建立有效的体制在一定范围内对人进行控制，在这个控制中，个体为了实现具体的目标将自愿地控制自身行为”[②]。文化机构不仅是文化治理的载体，通过运用各种技术手段，文化机构更提高了文化治理功能的效用。

---

① ［英］托尼 · 本内特：《文化与社会》，王杰、强东红等译，广西师范大学出版社 2007 年版，第 256 页。

② ［英］托尼 · 本内特：《文化与社会》，王杰、强东红等译，广西师范大学出版社 2007 年版，第 239 页。

第五节　探究知识分子的社会职能

知识分子作为掌握文化资源、拥有文化资本、直接从事文化创造的团体，对社会与文化关系的建构具有至关重要的作用，因此文化研究必然离不开对知识分子问题的关注。从词源学考察，“知识分子”这个名称诞生于19世纪末法国的“德雷福斯事件”。1894年，法籍犹太军官阿尔弗雷德·德雷福斯被怀疑向德国军方提供情报，在证据不足、疑窦丛生的情况下，法国陆军部依然强行指认德雷福斯为间谍，并以间谍罪和叛国罪为名唆使法国各大媒体对德雷福斯展开猛烈攻击，最后导致军事法庭判处德雷福斯终身监禁。后来法国新任情报处负责人皮卡尔上校截获了德国人寄给法国军官艾斯特拉齐的邮件，通过笔迹比对，判定艾斯特拉齐才是真正的罪犯。事实虽然水落石出，但法国军方却以维护军队威信为由拒绝重新审判德雷福斯一案，并于不久之后将艾斯特拉齐无罪释放，而将皮卡尔上校撤职并调离岗位。

法国军方混淆黑白的行径激怒了知情人，新闻记者贝尔纳·拉扎尔，法国巴黎高师图书管理员吕西安·赫尔等人开始为揭露真相奔走呼吁，之后法国文坛巨擘埃米尔·左拉在《费加罗报》连续发表了三篇抗议文章，并将写给法国总理的公开信以《我抗议》为名刊登在《震旦报》上。左拉的举动很快引起了全国范围的响应，来自不同领域的人包括社会学家、经济学家、艺术家、高校师生等纷纷发表宣言支持德雷福斯案件的重审。由此，一桩军事案件演变成全国性的政治事件，而左拉等人也被冠以“知识分子”的称号，“知识分子”作为一个称呼语就此流传开来。

此后，“知识分子”在流传和使用的过程中产生了不同的语义色彩，在不同的历史语境和国家中具有不同的内涵，对于它的研究也比比皆是。正如萨义德在《知识分子论》中所说，“只要把‘的’字和'与'字加在'知识分子'一词之旁，几乎立刻就在我们眼前出现连篇累牍有关知识分子的研究，不但范围惊人，而且研究细致深入。现成可用的有数以千计有关知识分子的各种历史和社会学，以及有关知识分子与民族主义、权力、传统、革命等等无穷无尽的研究"①。

对这些繁杂的观点进行梳理和归纳，可发现林林总总的知识分子观大致可以分成以下几种：(1)知识分子是一个自由而无所依傍的群体，他们超越了阶级局限，不代表任何阶层的利益，他们为实现全人类的公平、自由和真理而孜孜以求，这种观点的代表人物是德国社会学家曼海姆。(2)知识分子是无产阶级为推翻资产阶级霸权、争取自身解放而联合起来的有机群体，他们承担着领导大众进行社会经济、政治斗争的任务，此观点代表人物是意大利的葛兰西。(3)知识分子是发达资本主义社会中，拥有知识和教育资源因而拥有文化资本的不同于资产阶级、也不同于无产阶级的新阶级，代表人物是美国社会学家古德纳。(4)知识分子是跳出了专业化限制的业余者和局外人士，是对现状进行扰乱和对权威说真相的人，代表学者是美国的萨义德。

上述对知识分子的看法虽然判然不同，甚至不乏矛盾和对立，然而却有着对知识分子社会功能的的共同理解：反抗权力集团，维护弱势群体利益，批判社会现状——总之，"批判"成为不同理论流派对知识分子的共同身份认知，"批判"是知识分子安身立命的所在。在这种观点下，那些被任命为政府官员、成为政府顾问、接受政府资金支持，或者出境于媒体评论的知识分子，因为直接为政府机构服务而被贴上"丢掉了批判意识和批评精神"的标签，甚至被唾骂为被政府收编的背叛者、堕落者和追名逐利的人。

---

① [美]爱德华・W・萨义德：《知识分子论》，单德兴译，三联书店 2011 年版，第 16 页。

也有很多人担忧，在工业文明中，当金钱成为社会追逐的目标，当财富成为衡量一切的标准时，人们的批判意识和斗争精神也随之萎缩，像左拉、萨特、乔姆斯基那样不计个人得失、为正义振臂高呼的知识分子将越来越少，知识分子正在走向消亡。美国学者雅各比在《最后的知识分子》中就描述了这样一幅无可奈何花落去的悲观图景，“今天的公众文化依赖的是正在衰落的老一代知识分子，他们掌握着一种独特的语言，这种语言正在与他们的继承者失之交臂”①。

知识分子真的越来越稀缺以致使人类历史脆弱不堪了吗？知识分子只能通过批判维度才能影响社会吗？本内特对此持有完全相反的看法，他认为知识分子非但没有走向衰落，反而在当代社会文化中承担着更加重要的职责。历史情境的转变使得知识分子不仅仅要对社会进行批判，更要从单纯的批判维度转向实践维度，积极介入公务文化事务，参与政府文化政策的制定和文化事务的管理，努力促成有利于公众的文化意识形态的形成和传播。

本内特对知识分子的理解受到了福柯“特殊知识分子观”的影响。福柯将知识分子分成两种，一种是普遍知识分子，以人类正义和真理为追求目标，怀揣着普罗米修斯般拯救大众的英雄梦想；另一种是特殊知识分子，拥有专业知识，以专家的身份在某个具体行业中工作，在自己的领域内发挥揭露权力、重塑话语秩序的功能。普遍知识分子基本上是批判型知识分子，而特殊知识分子则显然不以批判为主要任务。在福柯看来，普遍知识分子已经让位于特殊知识分子，“知识分子现已不再以‘普遍性代表’‘榜样’‘为普天下大众求正义与真理’的方式出现，而是习惯于在具体的部门——就在他们自己的生活和工作条件把他们置于其中的那些地方（寓

① ［美］拉塞尔·雅各比：《最后的知识分子》，洪洁译，江苏人民出版社 2006 年版，第 2 页。

所、医院、精神病院、实验室、大学、家庭和性关系)进行工作"[①]。本内特指出,"福柯著作的优点在于,它主张在作用于社会的特殊的制度体制背景下,行为者在特定的知识框架中行动,他们如何组织和使用文化资源的方式在一定程度上构建了人们的生活方式"[②]。

但福柯的特殊知识分子并不与本内特的实践型知识分子相等同,两者具有细微但是本质的区别。特殊知识分子虽然积极从事具体工作,但这"无疑这赋予他们一种更为直接和具体斗争的意识"[③],正像周宪的分析:"在权力无处不在的话语和学科活动中,局部性和零散性反倒给了专家型的知识分子以从事'反话语'或'反记忆'的自由和可能。因此,从普遍代表角色,退缩为局部领域的专家顾问,知识分子的社会作用并未丧失。"[④]他们以专业知识"动摇人们的心理习惯、他们的行为方式和思维方式,拆解熟悉的和被认可的事物,重新审查规则和制度,在此基础上重新问题化(以此实现他的知识分子的使命),并参与政治意愿的形成(完成他作为一个公民的角色)"[⑤]。也就是说,特殊知识分子对具体工作的参与只是途径,目标却在于对社会的批判,由此看来,福柯依然是传统知识分子观的持有者。而本内特的实践型知识分子却是真正参与到政府事务中,他们不以批判为目的,他们的目标是影响政府职能的发挥从而保障公众的权益。

为了在学理层面上建构实践型知识分子观的内在逻辑,本内特从"为批评祛魅""沟通批判理性与实践理性"和"重返公共领域"

① 陶东风:《知识分子与社会转型》,河南大学出版社 2004 年版,第 12 页。

② [英]托尼·本内特:《文化与社会》,王杰、强东红等译,广西师范大学出版社 2007 年版,第 25 页。

③ 陶东风:《知识分子与社会转型》,河南大学出版社 2004 年版,第 12 页。

④ 陶东风:《知识分子与社会转型》,河南大学出版社 2004 年,第 14 页。

⑤ [法]福柯:《权力的眼睛》,严峰译,上海人民出版社 1997 年版,第 147 页。

三个方面进行论述。

本内特指出，批评本是知识分子反观自身与世界的可贵精神，但许多人却将批评抽象化、理想化，赋予批评过于崇高和神圣的地位，认为批评能够洞察一切社会问题，拥有为全部观念、思想、体系释义和辩护的特权。本内特以萨义德为例展开分析。萨义德认为真正的知识分子就是，“他或她全身投注于批评意识，不愿接受简单的处方、现成的陈词滥调，或迎合讨好、与人方便地肯定权势者或传统者的说法或做法。不只是被动地不愿意，而是主动地愿意在公众场合这么说”[①]。在《理论的旅行》中萨义德对批评与理论进行了比较，得出批评是理论的导师，理论需要批评指导的结论。如他所述，理论（如卢卡契的《历史与阶级意识》）都是产生于特殊历史情境中的，因而具有封闭性，不具备在其中展现一个完整世界的积极意识。同时，在从一个国家、地区流传到另一个国家、地区的过程中，由于理论不能调整自身去注意社会和历史情境的转移，因而要么出现基于理论本源的教条主义和“劣质的无穷性”[②]，要么被误读、误释，就像戈德曼对卢卡契的解释一样，“卢卡契是由于一个情境并在这个情境之内著述的，而这一情境产生的意识和理论观念，大大不同于戈德曼在他的情境中所产生的观念”[③]。由此，必然导致理论的危机和冒险，成为意识形态的陷阱。只有批评能够克服理论的缺陷，因为“批判意识是对于诸情境间差异的认识，也是对与任何体系或理论都穷尽不了它源于斯、用于斯的诸情境的一种认识。而最重要的还在于，批判意识也是对于那种对理

---

① [美]爱德华·W·萨义德：《知识分子论》，单德兴译，三联书店2011年版，第25页。

② [美]爱德华·W·萨义德：《世界·文本·批评家》，李自修译，三联书店2009年版，第420页。

③ [美]爱德华·W·萨义德：《世界·文本·批评家》，李自修译，三联书店2009年版，第416页。

论的一种抵抗，对经由那些与之相冲突的具体经验，或者释义所引发的对它的各种反应的认识。的确，我甚至想说，批评家的工作就是对理论提出抵抗，使它向着历史现实、向着人类需要和利益开放……"[①]。雷蒙 · 威廉斯作为一个批评家因此受到萨义德的大力称赞，他认为，威廉斯"拥有了这种批判认识，并且有意识地运用它来限制、塑造并提炼他对卢卡契和戈德曼理论的借用"[②]，"能够看出一种始于解放的观念变为它自身的陷阱的理论的局限性"[③]。

本内特犀利地揭穿了萨义德"批评高于理论"的谬误之处。首先，萨义德不加分析地将所有理论一棍子打死，而这些理论包括卢卡契、戈德曼的理论，也包括"对世界上社会人类事件的所有概念化的系统化的表述，整个横跨了从诺斯罗普 · 弗莱到福柯的幅度"[④]。萨义德对理论的批判显然有失公允，不是所有的理论都固步自封，更不是所有的理论在流传中都会受到教条化或者被误解，马克思主义理论不是一个随着社会历史情境而不断发展的例证吗？其次，批评与理论对立、凌驾于理论之上的论断并没有实在的证据，那不过是作为批评家的萨义德为赋予自己的言说权威性而构建的一个虚幻的乌托邦，"批评家萨义德将批评置于与现实直接联系的情境之中，以与理论的图解式的抽象形成对照。批评是一种测量能力的所在地，这种能力是批评家凭借只读一两本书就能设法获得的，这是因为这种能力既不是一定的概念体系的产品，也

---

① [美]爱德华 · W · 萨义德：《世界 · 文本 · 批评家》，李自修译，三联书店 2009 年版，第 423 页。

② [美]爱德华 · W · 萨义德：《世界 · 文本 · 批评家》，李自修译，三联书店 2009 年版，第 422 页。

③ [美]爱德华 · W · 萨义德：《世界 · 文本 · 批评家》，李自修译，三联书店 2009 年版，第 418 页。

④ [英]托尼 · 本内特：《文化与社会》，王杰、强东红等译，广西师范大学出版社 2007 年版，第 298 页。

不是由它来加强的，因为那将剥夺它的直观性。而且这种测量能力使他胜任将具体知识的麦子从理论的枯燥乏味的抽象麦壳中分离开来的任务。以勒古的释意而言，批评家，'最不努力的人，将有能力判断英雄性的理论作品'"①。

本内特指出，萨义德的批评观代表了一部分知识分子的看法，他们将批评作为一套解释实践和元叙事程序，赋予批评超历史的普遍化的能力和有效性，影响着主体的道德、认知和政治的内在形塑，也联系和影响着"普遍的社会政治过程"②。这无疑是知识分子为批评塑造的一个幻象，是知识分子对自身功能的想象性表达。在为批评祛魅之后，本内特提出了批评的新规划："完全不将批评看作一种先验与自足的规范——这就是说，这个实体已超越批判主义——而把批判历史化和相对化，在此方式下严肃地质疑批判的伦理的、认识论的以及政治的标准。"③批评是社会和文化行为领域，它基于局部的、具体的话语制度之下，在不同社会区域和历史情境中发挥不同的作用。批评是知识分子题中应有之义，毕竟社会的矛盾、问题和不合理之处需要知识分子勇于直言，将之暴露于公共舆论之下。但是，批评的功能是有限的，批评不是知识分子唯一的身份表达。

在为批评祛魅、还原批评的真实身份之后，本内特又论证了批判理性与实践理性相结合的历史必然性。在批判理性与实践理性之间设置鸿沟的是法兰克福学派，他们认为实践理性即技术理性或工具理性，一方面使资本主义社会的生产力大力发展，另一方面

---

① ［英］托尼・本内特：《文化与社会》，王杰、强东红等译，广西师范大学出版社 2007 年版，第 297 页。

② ［英］托尼・本内特：《文化与社会》，王杰、强东红等译，广西师范大学出版社 2007 年版，第 310 页。

③ ［英］托尼・本内特：《文化与社会》，王杰、强东红等译，广西师范大学出版社 2007 年版，第 319 页。

也使人们丧失了主体性，异化为机器世界的附庸。在一个由科学技术构建起来的世界上，人的一切行为和价值选择都根据实证科学进行评判，科学标准不仅内化成为一种思维方式，还内化成一种理性即技术理性，统治人们对自身历史的形塑。正如哈贝马斯在《合法化危机》中将世界划分成系统世界和生活世界：前者支持方法——目的合理性，为保障社会的运转依照预定的方向进行，制定各种规则系统和技术手段，因此技术理性是保障其合法化的基础；后者则是人们自由交往和意义共享的空间，未被利益关系所扭曲，支持交往理性。系统世界与生活世界之间的不可通约性，导致了技术理性与交往理性的不可通约性，也导致了实践型知识分子与批判型知识分子的不可通约性。

麦奎根对此逻辑关系作出了更通俗的解释：批判型知识分子，即从事学术工作而与直接的实际成果没有联系的人，他们所处的社会环境容许他们进行批判性反思；实践型知识分子，是从事具体的文化交流与管理的工作者，他们更需要直接产出成果的文化知识，也即“处方知识”，而批判意识是他们不需要的。在两种知识分子关系的比较上，批判型知识分子以其更加无私高尚的批判理性而处于优势，实践型知识分子则因为技术理性的局限性而处于劣势。两种知识分子的交通，势必以牺牲一方的本质特征为代价，或者是批判型知识分子丧失了批判精神，或者是实践型知识分子披上以权威自居的自负外衣。

本内特指出：“如果我们再仔细考虑一下，对知识分子类型进行区分的价值的可疑性就会更加明显，因为，从其他大多数方面来看，所谓批判的知识分子与实践的知识分子之间的差异，其实是微不足道的。从我们所知的人口统计特征、共享的学术职业文化、文化媒介以及政策专家等各个方面来看，人们认为，从关注职业、社会和文化理解等共享视野的方面来说，他们在共同的实践的和知识的问题上能够有效地交往。”①

从社会价值观上讲，批判型知识分子所怀有的批判理性，并不比实践理性更有用。也许从发现社会矛盾、揭露社会不公的层面来说，批判更为有益，但是从推动社会矛盾的解决进而促进社会的进步层面来说，能够着眼实际问题、开具惩治弊病的“知识处方”的实践理性则更有意义，毕竟发现问题的目的是为了更好地解决问题，批判行为最终要靠实践转化为人类状况的整体向好。

从伦理价值观上讲，批判理性并不比实践理性更高尚、更独立。批判理性以个体的内在信仰为行动基础，以自我反思为人格保证；而实践理性则以集体目标和职责为行动基础，以机构的规则、制度、规定为保证，显而易见，后者具有比前者更稳定、更规范的规约效应。如何保证批判理性没有脱离开社会发展的实际需求、符合历史发展的客观趋势？如何保证批判者没有落入低级的个人趣味、落入为批判而批判的陷阱？只有通过实践理性的过滤和检验才能判断出。本内特指出，实践型知识分子“工作的社会和文化管理部门本身就具有一种批判的自反性内置机制”②。这种自反机制的本质就是与社会生活领域进行衔接，质询它们自身完成任务的效果并进行调整和改进。

因此，批判理性只有与实践理性结合起来，才能既避免前者的自负与高傲，又避免后者的盲目与短视。批判型知识分子必须对撤离社会的做法进行批判，以实践的姿态对世俗的文化事务和政府机构给予积极的建言献策，“以一种会对社会和文化管理的官僚政治形式运作产生长期影响的方式，来设法参与并表述影响普通

① ［英］托尼·本内特：《文化与社会》，王杰、强东红等译，广西师范大学出版社2007年版，第318页。

② ［英］托尼·本内特：《文化与社会》，王杰、强东红等译，广西师范大学出版社2007年版，第325页。

公众对所关注的事件的看法”①。

最后本内特借用哈贝马斯公共领域的说法，主张知识分子重返此公共空间。哈贝马斯的公共领域意指在17、18世纪自由资本主义国家形成的介于私人领域与公共权力领域之间的空间地带，其“核心机制是由非国家和非经济组织在自愿基础上组成的。这样的组织包括教会、文化团体和学会，还包括了独立的传媒、运动和娱乐协会、辩论俱乐部、市民论坛和市民协会，此外还包括职业团体、政治党派、工会和其他组织等”②。公共领域的主旨是：人们通过理性辩论的形式自由公开地表达民意，形成公共舆论，影响政治权力的实施，从而实现普通个体对国家政治权力的反抗与博弈。可见，公共领域是一个批判的场所，其功能的实现主要依靠文化和观念的力量，通过这些力量“对抗政治权力，用观念启蒙来影响公众和政治权力持有者，不断发扬和扩大民主……执著地用观念的力量来对抗和引导经验和现实的力量（政治权力和经济权力）”③。

本内特对公共领域的理解与哈贝马斯不同，他在公共领域中发现了批评功能之外的另一重功能，即对私人领域或者市民社会的规范、引导与治理。哈贝马斯将文学公共领域作为公共领域的重要组成部分，认为文化是进行批判国家政治权利的手段，而文化要实现这种功能，必须以市民社会具备公共精神、自由意志和身份认同为前提，也就是说市民个体只有突破极端个人主义，关心政治权力和社会组织，自愿、自觉的聚集在一起为公共事务操心并能够形成有效的公众舆论，才能使公共领域成为批判的阵地。因此，文

① [英]托尼·本内特：《文化与社会》，王杰、强东红等译，广西师范大学出版社2007年版，第324页。

② [德]哈贝马斯：《公共领域的结构转型》，曹卫东等译，学林出版社1999年版，第29页。

③ 彭立群：《哈贝马斯公共领域理论探析》，《安徽大学学报（哲学社会科学版）》2008年9月。

化首先要完成对市民社会的教化与启蒙，完成对普通个体的教育与规训，而以文化为武器的公共领域也就在对国家权力进行批判的同时，承担着管理市民社会的功能和责任。

本内特不赞同哈贝马斯关于公共领域重新封建化的主张。哈贝马斯认为到19世纪后期，由于新自由主义经济政策的发展和国家干预的加强，国家不断社会化，社会不断国家化，国家与社会之间的鸿沟逐渐弥合，而以两者的断裂为基础的公共领域面临着退化和重新封建化的危机。“今天，文学公共领域成了社会力量的入侵口，通过大众传媒的文化消费公共领域侵入小家庭内部。失去私人意义的内心领域受到了大众传媒的破坏，非文学的伪公共领域则转化成为一种超越的家庭的亲密领域。”①最终，“公共性原则变化了，与此同时，具有政治批判功能的公共领域这一思想及公共领域的实际功能也发生了变化”②。

对此，本内特分析到，哈贝马斯对于公共领域的结构转型的分析是有缺陷的，“这些缺点通常集中于他对于法兰克福学派的大众文化批判的悲观主义的阐释和他对历史事件的大量节略，这或多或少表现了他不加区分看待19世纪70年代到20世纪50年代这段时期的倾向”③。本内特从两个方面进行了解释：

第一，公共领域并非重新闭合，因为国家与社会的鸿沟并未真正弥合。哈贝马斯是从“标准的马克思主义对自由资本主义向垄

---

① ［德］哈贝马斯：《公共领域的结构转型》，曹卫东等译，学林出版社1999年版，第189页。

② ［德］哈贝马斯：《公共领域的结构转型》，曹卫东等译，学林出版社1999年版，第203页。

③ ［英］托尼·本内特：《文化与社会》，王杰、强东红等译，广西师范大学出版社2007年版，第318页。

断资本主义过渡所作的解释中提取出来的”[①]关于国家与社会的再结合观点。但是本内特指出，哈贝马斯着眼的是马克思主义的政治经济学，新的国家干预政策更多地体现在经济领域，就文化领域而言，新政策依然重视文化的治理功能，主张国家以间接的方式利用文化资源来调节个体的道德，实现社会成员自愿地自我调节与自我引导。19 世纪的市民社会已经从经济社会过渡到文化社会，文化的自由保障了市民的言说空间和言说能力，也保证了国家与市民社会的分离，因此公共领域并未封闭，依然充满活力。

第二，博物馆、美术馆和图书馆等文化机构的职能被哈贝马斯忽略了，在他表述为“公共领域发生了结构转型”的 20 世纪里，尽管这些文化机构的发展都受到了国家资金的扶持，但它们并没有因此而与国家融合在一起。相反，它们最大程度地表征着文化管理的自由主义规划，承担着发展人民自我调节能力的任务，以实现市民社会的自我控制，而不是依赖国家控制。本内特指出，文化资源的治理功能在 20 世纪并未发生改变，所改变的是主体之间的社会关系。“文化行动得以运用其中的那个社会领域，现在构成的并非哈贝马斯所说的私人领域的市民社会，而是一系列成问题的行为——主要是以阶级术语来界定——应该受到管理，重要的是，应使这些文化行动在机构的语境下起作用，而这些机构也被定位与政府领域之内，而不是在政府领域之外或者处在政府的对立面。”[②]

因此，本内特主张“公共领域的机构与实践已经转变成文化管

① [英]托尼 · 本内特：《文化与社会》，王杰、强东红等译，广西师范大学出版社 2007 年版，第 332 页。

② [英]托尼 · 本内特：《文化与社会》，王杰、强东红等译，广西师范大学出版社 2007 年版，第 334 页。

理的现代形式的步骤,其中文化资源适用于社会管理的多样化任务"[①]。面对这样的公共空间,知识分子如果还是一味自矜于超越性和独立性,固守着批判立场,拒绝为政府决策的制定和改良提供助益,只能被排斥于社会边缘,成为失去能量的言说者。历史情境已经为知识分子社会功能的转变提供了前提条件,只有从批判走向实践,知识分子才能真正重返公共空间。

在他主编的《新关键词:重新修订的关于文化与社会的词汇表》一书中,本内特曾这样描述知识分子:诞生于19世纪末,凭借自身的文化智识经验而获得社会地位,包括作家、哲学家、艺术家以及其他领域的知识精英,他们嘲弄无知和愚昧,追求真理和权威,他们是大众的启蒙者和社会进步的推动者。如果说在现代社会里,知识分子曾以批判精神实践着对大众的启蒙,那么在当今的自由治理社会里,知识分子只有通过实践才能实现对社会进步的推动。

知识分子从来不具有凝定不变的历史身份,只有根据社会发展需求适时调整与社会的关系,知识分子的存在才有意义。本内特的知识分子观是对知识分子社会价值的重新认知,是在现实条件下对知识分子社会功能的适当调整。在当今的自由治理社会中,它发展出一整套体制和规则实现对市民社会的自由治理,知识分子在求真意志下的文化生产既具有科学性和预见性,能够引导政府部门合理决策并规避危害,又具有权威性和向导性,能够规训、引导、整合民众的行为和价值取向。因此,在权力与知识活动紧密缠绕在一起的现代社会中,实践型知识分子变得越来越重要,成为历史的选择。

---

① [英]托尼·本内特:《文化与社会》,王杰、强东红等译,广西师范大学出版社2007年版,第327页。

结语　托尼·本内特文化思想的启示及局限

行文至此，本内特的学术思想概貌已有了大体的呈现。他是一位颇有学术特色和代表性的理论家，他在马克思主义文艺研究中的“后”学式主张，他对文化研究新领域的开拓，都对我们建设中国特色的马克思主义文艺理论和文化研究理论具有重要的参考意义。然而毋庸置疑，本内特文化思想中也存在着一定的缺陷，是我们需要辨清与避免的。

一、本内特文化思想的启示

第一，本内特对马克思主义的深刻剖析与创新发展，为我们以科学的态度建设中国化的马克思主义文艺理论提供了借鉴。

马克思主义作为我国争取民族民主革命胜利、推动社会主义现代化建设、实现民族复兴的思想武器，在文学艺术阵地同样占据话语优势，是文艺创作与研究的理论工具。在将马克思主义基本原理与中国文艺实际状况相结合、推进马克思主义文艺理论中国化的过程中，几代理论工作者坚持实事求是、具体问题具体分析的精神，对马克思主义文艺理论不断作出新的调整和修正，这些努力和成果功不可没。但是不可否认，在将马克思主义上升为国家意识形态的政治环境中,所有的调整和修正都是在信守和维护的预设前提下进行的,是从马克思主义文艺理论内部对马克思主义文艺理论的审视和改变。这无疑为反思和批判设定了限度,某种程度上制约了对马克思主义文艺理论深层次问题的触及与发掘。视角的预定性往往会使人忽略很多美丽的风景,而立场的既定性又往往使人不自觉地带有偏见。例如我们可以就"文学的本质是否是审美与意识形态的相加"展开论争,就"文学艺术只有表现阶级斗争才成其为伟大的艺术"展开批判等等,但是对马克思主义文艺理论是否真正遵循了马克思主义的历史唯物主义基本原则却毫无警惕,对马克思主义文学批评是否真正保持了时代性、活跃的理论解释力和世界范围内的较强理论竞争力盲目自信,对马克思主义如何对待后学语境中的思想资源持保守态度。

而本内特对马克思主义文艺理论中唯心主义顽疾的深刻剖析、全面清除以及他站在后学立场上对马克思主义的创新,为我们科学地对待马克思主义文艺理论提供了有益的启发。尤其是就本内特的后学式创新而言,并不是说本内特建构的后马克思主义文学理论具有完全的科学性和合理性,毕竟后马克思主义文艺理论在多大程度上坚守了马克思主义的理论阵地还有待仔细辨别,而是说在一个马克思主义占非主流意识形态的社会环境中,本内特用更加纯粹的学术眼光反思马克思主义文论,用更加包容的心态发展马克思主义文论的路径方法是值得借鉴的。对我们而言,或许不用担心像西方马克思主义那样遭受资产阶级唯心主义哲学美学的浸染,但我们应当以此为鉴,警惕我国传统文化中根深蒂固的唯心主义思想影响;或许我们津津乐道于在马克思主义中国化的过程中实现文艺理论的本土化和与时俱进,但我们更应当充分尊重西方世界各种后学思想和理论资源。在学术研究中,不应该将马克思主义神圣化,而是应该祛除强加给它的超越一切的元话语身份,给马克思主义文艺理论拓展更广阔的生长空间,使其更科学、更合理、更有生命力，唯此，才能真正有利于有中国特色马克思主义文艺理论的健康发展。

第二，本内特在文化研究中采用的独特的政治文化学研究视角，为我们分析文化现象、透视文化与权力的复杂关系提供了启示。

与威廉斯等文化学者从文学起步因而更多采用文学文本研究的方法不同，本内特是以社会学为基础介入文化研究的，因而他的文化思想更多的具有社会学底蕴。他在研究方法上突破了传统的文本分析的方法，采用社会结构分析和历史分析相结合的方法，正像莫里所说，社会学方法“可以帮助抵抗文化研究受到过多文学/美学的影响……可以帮助抵抗文化研究的过分文本化，因为如此一来，常常容许进行文化现象的分析时，完全脱离其原有的社会与物质基础”①。本内特通过把文化研究置于社会历史情境中从而避免了这种缺陷。在我国，文化研究的大本营基本是驻扎在文学领地上的，文化研究的中坚分子大都具有文学背景或者是高等院校及科研机构文学学科的体制中人，文本分析是最通用的研究方法。本内特的社会学方法对我们而言是一个很好的经验。

同时，本内特毫不讳言文化研究要追求“政治上的正确性”，他所谓的政治不是局限于国家机关的组建方式、选举或政党政治，而是指权力的运用，包括权力的分配方式、权力建构的场域、权力涉及的社会机制等等，如伊格尔顿所言，“（政治）是指我们组织社会生活的方式，以及它所包括的力量对比关系”②。文化研究在政治上的正确性就是积极介入权力关系领域，对政治效果进行宏观与

---

① ［英］格雷姆 · 特纳：《英国文化研究导论》，唐维敏译，亚太图书出版社 2000 年版，第 220 页。

② ［英］特里 · 伊格尔顿：《文学原理引论》，载陆梅林：《西方马克思主义美学文学》，漓江出版社 1988 年版，第 174 页。

微观并重的分析与检验,以期对政治局面产生影响,促成改变。为此,本内特批判了“文化是人类整体生活方式”这一作为文化研究基础的文化定义,揭穿了它所宣称的文化平等性谎言,彰显了文化的不平等性、工具性和治理性。

在经济全球化、文化多元化的当今时代,文化问题始终无法离开政治和权力的视野,文化的历史是我们时代政治与意识形态的组成部分。当然,这不是要将文化缩减为政治,毕竟政治的目标是特定时空中社会关系的总体性,政治实践有自身的特色;而文化要比相应的政治话语更丰富多彩、情态各异。但如果文化与社会有共同的空间,则文化与政治之间就有千丝万缕的关联,正如马尔赫恩指出的,“有必要坚持说,一切文化都充斥着政治价值;同时也必须坚持说,这些政治价值作为意义是文化的”①。因此,文化研究与其说是对媒体传播、青年亚文化、女性主义、种族差异等形形色色文化问题的研究,毋宁说是对这些文化符号隐匿的权力现象的剖析,是对人类社会关系构建和社会生活组织方式的反思。本内特的文化政治学对我们的文化研究同样富有启示性,因为即便在社会主义制度下,尤其是我国还处于社会主义初级阶段,文化问题依然不单单是文化问题,而是与政治、经济乃至不同阶层、不同地区、不同年龄群体的利益有着密切联系。如何透过林林总总的文化现象、层出不穷的文化事件,把握住实质和规律,本内特值得我们关注。

第三,本内特将政策引入文化研究的大胆尝试,为我们拓展文化研究的理论范式,全面审视文化政策提供了经验。

我国既具有高涨的文化研究热情和庞大的文化研究队伍,也具有规模不小且成就斐然的文化政策研究,尤其是自近来我国作

---

① [英]弗朗西斯·马尔赫恩编:《当代马克思主义文学批评》,刘象愚等译,北京大学出版社2002年版,第32页。

出深化文化体制改革推动文化大发展大繁荣的战略部署以来，文化政策的研究、制定和实施已受到了广泛的关注和高度的重视。但是，将政策引入文化研究之中，从文化研究的视角出发对文化政策作理论上的思辨和系统的总结，就我国而言依然是个有待开拓的领域，本内特的学术主张和社会实践在当今时代的中国尤其值得学界了解和讨论。

第四，本内特对实践维度的重视与呼吁，为知识分子更理直气壮地涉足政府文化事务做出了理论上的辩护。

本内特以揭露社会结构中隐匿的权力关系为研究线索，但是他的最终目的是对文化问题具有更富正能量和建设性的话语生产。他在理论与实践上的辛勤努力，彰显了一个知识分子对社会职责和历史使命的深刻认知与自觉担当。他呼吁，当今时代权力所具有的分散性、微观化使得没有哪个集团可以完全拥有权力，统治阶级与被统治阶级之间的对抗越来越不明显，被日常生活中更为复杂和多元的矛盾所取代。因此，知识分子的首要社会职责不再是对权力集团的反抗和批判，而是在保持批判精神的同时，积极参与社会文化事务，自觉与政府合作，为政府文化政策的制定出谋划策，为政策实际效果的评估与改进提供支持。由此，本内特破除了知识分子对批判与反抗的迷信，也洗刷了几百年来压在知识分子头上“被政府收编”的罪名，为知识分子光明正大接受政府的资助和职位论证了合法性。但本内特不是政府的代言人，他是独立的参与者、真诚的建设者。

本内特的理论主张对我国知识分子而言也是一种警示和鞭策。正值人民群众精神文化需求快速增长，社会主义文化建设如火如荼的时代，知识分子如果还是一味沉迷于反抗的传统而无视历史的需要，必然要遭遇影响力减退、话语失声的困境。历史的浪潮将知识分子推向新的立场：利用体制提供的自由，通过参与和影响文化机制和文化机构的建设和完善，改善公众的文化素质和生活状况,促进社会的全面协调和可持续发展。

二、本内特文化思想的局限

本内特的文化理论颇有创新之处,给人以启迪,但其理论和方法也存有不少的问题和缺陷。比如说,他在研究中对一些概念的使用不够准确,例如“美学”一词,本内特有时在否定的意义上使用。有时在肯定的意义上使用:当谈到西方马克思主义文艺理论的缺陷时,本内特所运用的“美学”指对人类与现实关系的不变模式的认知,具有唯心主义色彩,是被否定的;当谈到文化对于人类精神的培育和陶冶时,“美学”又被用来指对主体审美能力和得体行为举止的培养,是被肯定的。但总的来说,本内特主要在第一层意义上使用该术语。再比如说,本内特在理论立场上也会偶尔表现出前后不一致,例如他反对本质主义,却又将话语的接合表述作为社会关系和马克思主义构建的基础,难道这不是另一种本质主义吗?他反对经济决定论,却又在澳大利亚的文化趣味调查研究中得出结论:经济收入根本制约着大众社会的阶层划分和文化趣味的差异,这岂非以另一种方式认同经济基础的最终决定作用?

比较而言,上述的不准确和前后矛盾只是由于本内特在漫长的学术生涯中理论观念发生变化和调整所致,尚属于细节上的顾此失彼,不影响整体理论体系的成就。但是以下两点却构成本内特文化理论的明显硬伤,并因此而受到当今欧美文化研究理论家们的广泛诟病。

第一,实用主义至上。

受英国经验主义文化传统的影响,本内特的文化理论明显表现出重经验而轻理论的倾向,而在文化经验中,本内特显然站在了实用主义的立场上。不论是从他担纲澳大利亚文化与媒介政策研究中心来看,还是从他参与联合国经济社会理事会资助的研究项目来看,本内特都将文化研究与产生直接、实际的效用等同起来,以至于对他而言，真理即是能够被文化机构中工作的知识分子所能直接加以利用的东西，而其它那些可能正确的知识，如果无用于或者有碍于实践目标的达成，则会被确定为谬误。

对此，吉姆·麦圭根批评到，本内特的目的在于让一切“变得有用”，从而使“有用的知识”和“作为真理的知识”之间的关系变得暧昧不清，“本内特引用贝托尔特·布莱希特关于真理的格言：除非与能够用它做某事的人交流，不然真理是无用的……本内特关于真理的概念也是非常实用主义的。事实上，‘真理’看起来是从事于特定的制度实践的社会行动者（像博物馆馆长）所愿意相信的东西。这样一种真理概念随之产生的逻辑是：一部分相关的并且可能正确的知识，如果它恰好为社会行动者所怀疑，这些社会代理人拥有将它投入使用的话语权力，那么，为实践的目标，不妨认为它是错误的，相反，他们会去相信它”①。如此一来，知识的评判标准倾斜了，工具价值被重视而“无目的的合目的性”被忽略了。这种对于形而下的实用价值的过分推崇，不仅会损害学术研究的科学性与客观性，也会导致理论建设的功利性与投机性。

克里斯·巴克从另一个角度对本内特的实用主义展开了批评，他认为，实用主义政治没有中立的价值立场从而无法回答下述问题：何种政治与社会价值观能够引导我们从事文化政策的工作？我们试图实现的目标及其后果为何？“本内特可会论称后者是取决于特定情境与可运用的科技条件，亦即决定于可供思量的特定的文化科技及组织。虽然如此，如果真理被看作是一个实用主义的问题，亦即什么被当作真理的问题时，真理与行动是在社会价值之中且透过社会价值而得以形成的。问题是本内特未能厘清他所谓的文化政策将会追求的价值为何：他致力追求的是否具有平等、正义、自由及团结等价值？他采取的究竟是追求自由主义民主的

① 陶东风：《文化研究精粹读本》，中国人民大学出版社 2006 年版，第 193 页。

策略,或是如霍尔、拉克劳与墨菲等人,献身追求的目标是差异的政治与激进民主的实现呢?"[①]就此而言,本内特的实用主义很容易导致无立场的扩散。

第二,忽视批判维度。

矫枉过正,本内特为了证明知识分子从批判走向实践的客观必然性,在强调实践维度的同时,却顾此失彼,一定程度上忽视了对批判维度的重视。这种倾向在本内特在对米歇尔·德赛都关于抵制理论的评论中有着明显的痕迹,本内特认为由于针对个体的统治堡垒纷纷倒塌,文明社会逐渐消灭了那些能够培养知识分子抵抗精神的文化资源,抵抗和批判失去了往昔的效力。本内特强调,知识分子需要的是战略与战术,是与政府的积极合作。然而在合作之中,知识分子如何保证不受体制的约束和利益的左右?当自身的研究路径与政府的资助计划相悖时,知识分子如何以超越的立场做出合理公正的判决?

本内特有意无意地搁置了这些问题,他不仅忽视了批判,甚至异化了批判。在本内特看来,知识分子只需要与意识形态的国家机器进行合作,而不需要对具体的政治进程提出异议;只需要认可政府的合理性,而无需怀疑政府的脆弱性。詹姆逊曾毫不留情地批判到本内特是右翼势力的吹鼓手,"本内特的思想属于真正的'他体思想',他忙于以传统的阿尔都塞式的气势汹汹的恫吓方式,追踪和谴责所有这些左派方面敌人的意识形态错误。他建议与曾经被称作的意识形态国家机器对话并与之合作,而不是一开始就把它们消除"[②]。

① [澳]克里斯·巴克:《文化研究——理论与实践》,罗世宏译,五南图书出版社2004年版,第460页。

② [美]弗雷德克里·詹姆逊:《快感:文化与政治》,王逢振译,中国社会科学出版社1998年版,第415页。

澳大利亚的文化研究学家马克·吉布森也指出,本内特过于强调实践维度而无法容忍任何与政府目标不一致的行为和观点,“反对或者抵制,只能是完全对立的思想所表述出来的东西,根本不在分析之列。这样做的问题,就不仅仅是分析问题了,还成了道德伦理上的问题:与我对立的观点,全是莫名其妙、不可理喻的东西”[①]。吉布森指出,本内特的主张好比是一种驱魔咒语,因为“如果在政府理性之外不允许任何其他东西的存在,政治空间也就完全消除了……最难理解的方言学家、最为浪漫的唯美主义者、最具革命性理论家”都沦落为“政府的代理人”[②]。批判精神的缺位对知识分子群体而言是可悲的,这不仅使得知识分子作为一个特殊的社会群体丧失了社会价值,更不幸的是,这将造成知识、权力与行政和官僚体制的隐秘联盟,助长政府的专制统治。

总而言之,本内特对批判维度的忽视和对实用主义的过分尊崇成为其文化思想中的严重缺陷。我们在借鉴本内特思想资源时不可不加以警惕的避免这些缺陷。

① [澳]马克·吉布森:《文化与权力——文化研究史》,王加为译,北京大学出版社2012年版,第199页。

② [澳]马克·吉布森:《文化与权力——文化研究史》,王加为译,北京大学出版社2012年版,第204页。

参考文献

一、托尼·本内特著作

(一)中译论著

1.[英]托尼·本内特:《文化与社会》,王杰、强东红等译,广西师范大学出版社2007年版。

2.[英]托尼·本内特:《形式主义和马克思主义》,曾军等译,河南大学出版社2011年版。

(二)中译论文

1.[英]托尼·本内特:《马克思主义与通俗小说》,刘家愚、陈永园、马海良:《当代马克思主义文学批评》,北京大学出版社2002年版。

2.[英]托尼·本内特:《通俗文化与"葛兰西转向"》,汪凯、刘晓红:《媒介研究的进路》,新华出版社2004年版。

3.[英]托尼·本内特:《走向文化研究的语用学》,陶东风:《文化研究精粹读本》第8辑,中国人民大学出版社2006年版。

4.[英]托尼·本内特:《文化、历史与习性》,陈春莉《马克思主义美学研究》2009 年第 2 期。

5.[英]托尼·本内特:《分裂的惯习(Habitus Cliv):皮埃尔·布尔迪厄著作中的美学与政治》,付德根、王砚涵译,《马克思主义美学研究》2009 年第 2 期。

6.[英]托尼·本内特:《审美·治理·自由》,姚建彬译,《南京大学学报(哲学·人文科学·社会科学)》2009 年第 5 期。

(三)英文原著

1. Tony Bennett, *Culture: A Reformer's Science*, Sydney: Allen & Unwin Pty Ltd, 1998.

2. Tony Bennett, *Popular Culture and Social Relations*, Milton Keynes: Open University Press, 1986.

3. Tony Bennett, *Critical Trajectories: Culture, Society*, Intellectuals, Odford Blackwell, 2007.

4. Tony Bennett, *Formalism and Marxism*, London: Methuen, 1979.

5. Tony Bennett, *Outside Literature*, London and New York: Routledge, 1990.

6. Tony Bennett, *Bond and Beyond: The Political Career of a Popular Hero*, London: Methuen, 1987.

7. Tony Bennett, *The Birth of the Museum: History, Theory, Politics*, London and New York: Routledge, 1995.

8. Tony Bennett, *Accounting for Tastes: Australian Everyday Cultures*, Melboume: Cambridge University Press, 1999.

9. Tony Bennett, *Pasts Beyond Memory: Evolution Museums Colonisation*, London and New York: Routledge, 2004.

(四)英文论文

1. Tony Bennett, "Popular Culture: Defining Our Terms," *Popular Culture: Themes and Issue*, Milton Keynes: Open University Press, 1980.

2. Tony Bennett, "Texts in History: The Determinations of Readings and Their Texts Author," *Journal of the Midwest Modern Language Association*, Vol 18. No 1 Spring 1985. p. 2.

二、其他著作

(一)中文论著、译著

1. 黄卓越等:《英国文化研究——事件与问题》,三联书店2011年版。

2. [澳]格雷姆·特纳:《英国文化研究导论》,唐维敏译,亚太图书出版社2000年版。

3. [澳]克里斯·巴克:《文化研究——理论与实践》,罗世宏等译,五南图书出版社,2004年版。

4. [澳]马克·吉布森:《文化与权力——文化研究史》,王加为译,北京大学出版社2012年版。

5. [英]吉姆·麦圭根:《重新思考文化政策》,何道宽译,中国人民大学出版社2010年版。

6. 陆扬、王毅:《文化研究导论》,复旦大学出版社2006年版。

7. 陶东风:《文化研究精粹读本》,中国人民大学出版社2006年版。

8. [英] 阿雷恩·鲍尔德温等:《文化研究导论》,陶东风等译,高等教育出版社2004年版。

9. 罗刚、刘象愚:《文化研究读本》,中国社会科学出版社2000

年版。

10.[英]安吉拉·麦克罗比:《文化研究的用途》,李庆本译,北京大学出版社2007年版。

11.[英]约翰·斯道雷:《文化理论与通俗文化导论》,杨竹山、郭发勇、周辉译,南京大学出版社2001年版。

12.[英]佩里·安德森:《当代西方马克思主义》,余文烈译,东方出版社1989年版。

13.[英]弗朗西斯·马尔赫恩编:《当代马克思主义文学批评》,刘象愚、陈永国、马海良译,北京大学出版社2002年版。

14.[英]特里·伊格尔顿:《马克思主义与文学批评》,文宝译,人民文学出版社1980年版。

15.[英]特里·伊格尔顿:《当代西方文学理论》,王逢振译,中国社会科学出版社1988年版。

16.[英]特瑞·伊格尔顿:《文化的观念》,方杰译,南京大学出版社2006年版。

17.[英]阿兰·斯威伍德:《大众文化的神话》,冯建三译,三联书店2003年版。

18.[英]安吉拉·麦克罗比:《后现代主义与大众文化》,田晓菲译,中央编译出版社2001年版。

19.和磊:《葛兰西与文化研究》,中国社会科学出版社2011年版。

20.[英]雷蒙·威廉斯:《马克思主义与文学》,王尔勃、周莉译,河南大学出版社2008年版。

21.[英]雷蒙·威廉斯:《关键词:文化与社会的词汇》,刘建基译,三联书店2005年版。

22.[英]雷蒙·威廉斯:《文化与社会:1780～1950》,高晓玲译,吉林出版集团有限责任公司2011年版。

23.[英]安纳·杰弗森、戴维·罗比等:《西方现代文学理论概述与比较》,陈昭全等译,湖南文艺出版社 1986 年版。

24.[英]保罗·鲍曼:《后马克思主义与文化研究》,黄晓武译,江苏人民出版社 2011 年版。

25.陆梅林:《西方马克思主义美学文选》,漓江出版社 1988 年版。

26.[英]丹尼斯·德沃金:《文化马克思主义在战后英国》,李凤丹译,人民出版社 2008 年版。

27.李青宜:《阿尔都塞与"结构主义"马克思主义》,辽宁人民出版社 1986 年版。

28.[法]阿尔都塞:《保卫马克思》,顾良译,商务印书馆出版社 1984 年版。

29.陈越编:《哲学与政治——阿尔都塞读本》,吉林人民出版社 2003 年版。

30.方珊:《形式主义文论》,山东教育出版社 2002 年版。

31.茨维坦·托多罗夫:《俄苏形式主义文论选》,蔡鸿斌译,中国社会科学出版社 1989 年版。

32.刘万勇:《西方形式主义溯源》,昆仑出版社 2006 年版。

33.周凡:《后马克思主义导论》,中央编译出版社 2010 年版。

34.周凡主:《后马克思主义:批判与辩护》,中央编译出版社 2007 年版。

35.付文忠:《新社会运动与国外马克思主义思潮:后马克思主义研究》,山东大学出版社 2009 年版。

36.[美] 费雷德里克·詹姆逊:《语言的牢笼:马克思主义与形式》,钱佼汝、李自修译,百花洲文艺出版社 2010 年版。

37.[美]弗雷德里克·詹姆逊:《政治无意识》,王逢振、陈永国译,中国社会科学出版社 1999 年版。

38.王逢振主编:《詹姆逊文集》第 3 卷,中国人民大学出版社 2004 年版。

39. 安东尼奥·葛兰西:《狱中札记》,曹雷雨、姜丽、张跣译,中国社会科学出版社 2000 年版。

40. 狄其骢:《马克思恩格斯艺术哲学》,山东文艺出版社 1991 年版。

41. 谭好哲:《文艺与意识形态》,山东大学出版社 1998 年版。

42. 谭好哲:《艺术与人的解放——现代马克思主义美学的主题学研究》,山东大学出版社 2005 年版。

43. [波兰]亚当·沙夫:《结构主义与马克思主义》,袁晖、李绍明译,山东大学出版社 2009 年版。

44. 冯宪光:《"西方马克思主义"美学研究》,重庆出版社 1997 年版。

45. 吕德申主编,《马克思主义文艺理论发展史》,高等教育出版社 1990 年版。

46. [苏]N. 尼古拉耶夫:《马克思列宁主义文艺学》,李辉凡译,安徽文艺出版社 1986 年版。

47. 复旦大学中文系文艺理论教研室编:《马克思主义文艺理论发展史(修订版)》,中国文联出版社 1995 年版。

48. 金瑶梅:《阿尔都塞及其学派研究》,重庆出版社 2010 年版。

49. 中共中央马克思、恩格斯、列宁、斯大林著作编译局编译:《葛兰西文选》,人民出版社 1992 年版。

50. [苏]托洛茨基:《文学与革命》,刘文飞、王景生、季耶译,外国文学出版社 1992 年版。

51. [法]米歇尔·福柯:《安全、领土与人口——法兰西学院演讲系列(1977～1978)》,钱翰、陈晓径译,上海人民出版社 2010 年版。

52. [法]米歇尔·福柯:《必须保卫社会,法兰西学院演讲系列(1976)》,钱翰译,上海人民出版社 2010 年版。

53.[法]米希尔·福柯:《性经验史(增订版)》,佘碧平译,上海人民出版社 2005 年版。

54.[法]米希尔·福柯:《规训与惩罚:监狱的诞生》,刘北成、杨远婴译,三联书店出版社,2007 年版。

55.莫伟民:《莫伟民讲福柯》,北京大学出版社 2005 年版。

56.[美]珍内特·马斯汀:《新博物馆理论与实践导论》,钱春霞等译,江苏美术出版社 2008 年版。

57.[美]大卫·卡里尔:《博物馆怀疑论——公共美术馆中的艺术展览史》,丁宁译,江苏美术出版社 2009 年版。

58.[美]爱德华·W·萨义德:《知识分子论》,单德兴译,三联书店 2011 年版。

59.[美]爱德华·W·萨义德:《世界·文本·批评家》,李自修译,三联书店 2009 年版。

60.[法]米歇尔·莱马里、让·弗朗索瓦·西里内里:《西方当代知识分子史》,顾元芬译,江苏教育出版社 2007 年版。

61.[德]尤尔根·哈贝马斯:《公共领域的结构转型》,曹卫东等译,学林出版社 1999 年版。

62.[德]尤尔根·哈贝马斯:《合法化危机》,刘北成、曹卫东译,上海人民出版社 2000 年版。

63.[美]拉塞尔·雅各比:《最后的知识分子》,洪洁译,江苏人民出版社 2002 年版。

64.[英]马修·阿诺德:《文化与无政府状态》,韩敏中译,三联书店 2008 年版。

65.[法]皮埃尔·布尔迪厄:《艺术的法则》,刘晖译,中央编译出版社 2002 年版。

66.[法]费迪南·布伦蒂埃等:《批判知识分子的批判》,王增进译,中国社会科学出版社 2007 年版。

67.[苏]米哈伊尔·巴赫金:《陀思妥耶夫斯基诗学问题》,刘虎译，中央编译出版社 2010 年版。

68.［苏］巴赫金:《周边集》，李辉凡、张捷等译，河北教育出版社 1998 年版。

69.［苏］巴赫金:《拉伯雷研究》，李兆林、夏中宪等译，河北教育出版社 1998 年版。

70. 孙晶:《文化霸权理论研究》，社会科学文献出版社 2004 年版。

71.［美］赫伯特 · 马尔库塞:《审美之维》，李小兵译，广西师范大学出版社 2001 年版。

72.［瑞］费迪南德 · 德 · 索绪尔:《普通语言学教程》，高名凯译，商务印书馆 1980 年版。

73.［英］爱德华 · 泰勒:《原始文化》，连树声等译，上海文艺出版社 1992 年版。

74.［匈］卢卡契:《卢卡契文学论文集》，社科院外文所译，中国社会科学出版社 1980 年版。

75.［美］大卫 · 哈维:《新自由主义简史》，王钦译，上海译文出版社 2010 年版。

76. 刘进田:《文化哲学导论》，法律出版社 1999 年版。

77. 顾钰民、伍山林:《保守的理念》，当代中国出版社 2002 年版。

78.［美］克利福德 · 格尔茨:《文化的解释》，韩莉译，译林出版社 2008 年版。

79. 向翔:《哲学文化学》，上海科学普及出版社 1997 年版。

80.［英］多米尼克 · 斯特里纳蒂:《通俗文化理论导论》，阎嘉译，商务印书馆 2001 年版。

(二)中文论文

1. 徐德林:《英国文化研究的形成与发展——以伯明翰学派为

中心》,北京大学博士学位论文,2008 年。

2. 杨建刚:《在形式主义与马克思主义之间对话——巴赫金学术研究的立场、法与意义》,《文学评论》2009 年第 3 期。

3. 杨建刚:《学术批评抑或政治斗争——马克思主义与形式主义之间的论争及其反思》,《西北大学学报(哲学社会科学版)》2012 年第 2 期。

4. 杨建刚:《形式主义与马克思主义——从对抗到对话的内在逻辑探析》,《文艺争鸣》2008 年 11 期。

5. 杨建刚:《形式的革命与革命的形式——俄国形式主义与西方马克思主义的形式观之比较》,《文艺理论研究》2007 年第 6 期。

6. 汪正龙:《马克思主义与形式主义对话的可能性——西方 20 世纪马克思主义文论与形式主义文论关系初探》,《文艺理论研究》2008 年第 3 期。

7. 汪正龙:《从学术立场重新认识形式主义》,《文艺理论研究》2006 年第 6 期。

8. 谢小琴:《大英博物馆:一个帝国文化空间的建构(1800～1857)》,南京大学硕士学位论文,2008 年。

9. 方华:《政策和公众需求与当代英国艺术博物馆的管理》,中国美术学院博士学位论文,2010 年。

10. [美]道格拉斯·凯尔纳:《文化马克思主义和现代文化研究》,雷保蕊译,《上海行政学院学报》2006 年 9 月。

11. 张亮:《从文化马克思主义到"结构主义的马克思主义"——20 世纪 60 年代初至 80 年代初英国马克思主义的发展历程》,《文史哲》2010 年第 1 期。

12. 方彦富:《文化政策研究的兴起》,《福建论坛(人文社会科学版)》2010 年 6 期。

（三）英文论著、论文

1. Keith Jenkins, "Marxism and History Knowledge: Tony Bennett and the Discursive Turn," *Literature and History*, ser. 3:3:1, 1994.

2. Pierre Macherry, *A Theory of Literary Production*, London and New York: Routledge & Kegan Paul, 1978.

3. John Frow, *Marxism and Literary History*, Cambridge: Harvard University Press, 1986.

4. Mitchell Dean, *Governmentality: Power and Rule in Modern Society*, London: Sage Publications Ltd, 1999.

5. Niconlas Rose, *Powers of Freedom: Reframing Political Thought*, London: Cambridge University Press, 1999.

6. Michel de Certeau, *The Practice of Everyday Life*, Berkeley: University of California Press, 2002.

7. Terry Eagleton, *Criticism and Ideology: A Study in Marxist Literary Theory*, London: Verso, 2006.

后 记

这本书是在我博士学位论文的基础上修改而来的，算是对博士学习阶段的总结。能以一本书的形式将自己的研究心得刊布发行，与同道中人交流切磋，这是对我这几年安心坐冷板凳的最好嘉奖。为此，我要感谢我的导师谭好哲先生，感谢山东省委党校提供的良好环境，感谢山东大学出版社的编辑老师，更感谢家人的无私支持。

科研之路是辛苦的，也是快乐的，正是在做论文并将其修改成书的过程中，我深深体会到了"天道酬勤""功夫不负苦心人"等等这些曾经在年少时期被说烂的座右铭是多么朴实、多么真切。世间不是所有的事情付出就有回报，但科研工作是不欺人的，有一分努力，就有一分收获；有百分的努力，就会有一片灿烂的风景迎接你。选择了科研之路，就让我从容而执着地走下去。我期待着在我白发苍苍暮年回首的时候，能有更多的成果、著作留在身后。

张　朋

2015 年 9 月 10 日